Klaus Höppner, Jahrgang 1944, arbeitet als kauf-
männischer Angestellter in einer Hamburger
Schiffahrtsagentur. In den vergangenen vierzehn
Jahren hat er zahlreiche Reisen unternommen,
vorzugsweise in den Orient. Sein Spezialgebiet sind
Kamelreisen durch die Wüste, insbesondere mit
Karawanen. Inzwischen hat er mehr als 4000
„Kamelkilometer" hinter sich.

Klaus Höppner

Cowboys der Wüste

Mit einer Kamelkarawane durch den Sudan

Frederking & Thaler

CIP-Titelaufnahme der Deutschen Bibliothek
Höppner, Klaus:
Cowboys der Wüste : mit einer Kamelkarawane durch den Sudan / Klaus
Höppner. – München : Frederking u. Thaler, 1989
    (Reisen, Menschen, Abenteuer)
    ISBN 3-89405-017-9

REISEN · MENSCHEN · ABENTEUER
herausgegeben von Susanne Härtel

© 1989 Frederking & Thaler GmbH, München
Alle Rechte vorbehalten
Titelfoto/Fotos: Klaus Höppner, Hamburg
Produktion: Tillmann Roeder
Karten: Gert Köhler
Gesamtherstellung: Presse-Druck Augsburg
ISBN: 3-89405-017-9

Erstausgabe 1984

Inhalt

„Bismillah rahman-i rahim . . .“

„Im Namen des barmherzigen, gütigen Gottes . . .“

     So beginnt jeder Tag mit dem Gebet bei Sonnenaufgang,

mit diesen Worten greift der Bauer zur Hacke
                    und der Henker zum Schwert,

die Worte werden vor den Mahlzeiten gesprochen
                    und jedem Brief vorangestellt,

so beginnt auch die Karawane ihren
                    beschwerlichen, ungewissen Marsch . . .

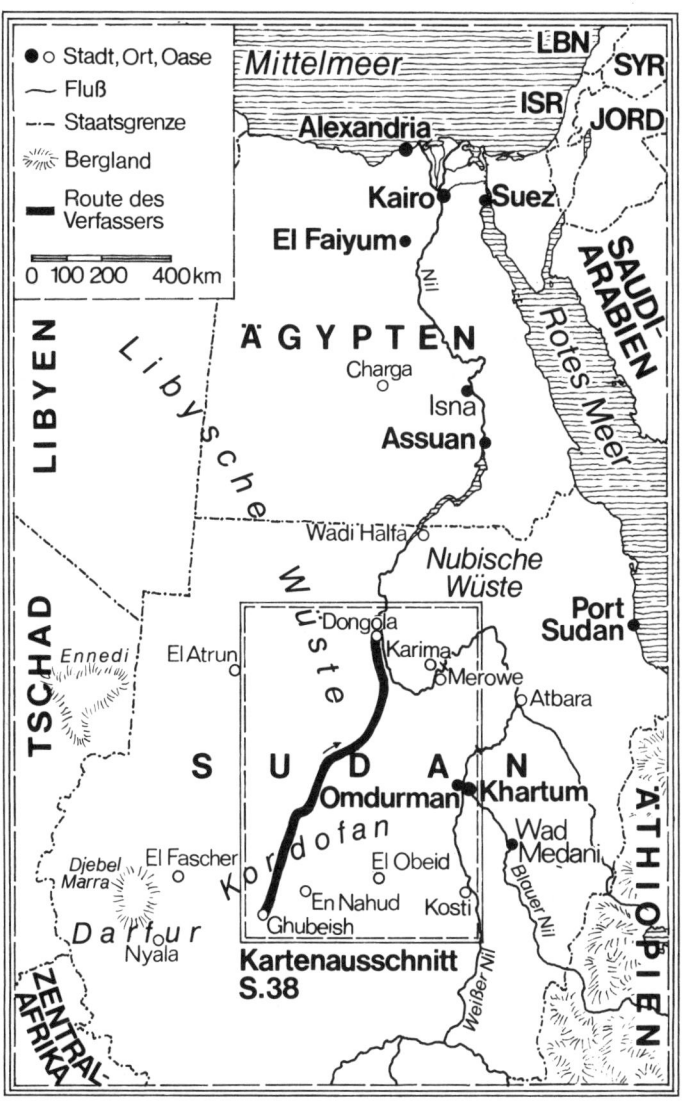

Kartenausschnitt
S.38

Der „Sklavenjäger"

Das erste fahle Licht des neuen Tages tauchte das ruhige Wasser des Assuan-Stausees in matten Schimmer. Unwirklich wie eine Fata Morgana lösten sich die Konturen der sandbedeckten Hügel aus dem gelblich-grauen Horizont heraus. Zitternd vor Kälte lag ich ausgestreckt auf den Holzplanken des Zwischendecks. Seit Stunden schon war ich wach, das Tuckern der Maschine und der gleichmäßige Wellenschlag gegen die Bordwand lullten mich ein, aber die Nachtkälte und der eisige Wind aus der Wüste verhinderten den ersehnten, erquickenden Schlaf. Zu gern hätte ich mich auf die Seite gerollt und die Beine angezogen, um so ein wenig Wärme zu finden, doch für derlei Luxus war auf der übervollen Fähre, die den See in seiner ganzen Länge vom ägyptischen Sadd el-Ali zum sudanesischen Wadi Halfa überquert, kein Platz. Die Morgendämmerung über der Nubischen Wüste brachte zwar noch einmal einen Kälteschub, aber auch die Hoffnung auf die wärmende Kraft der Sonne. Die Passagiere wickelten sich aus ihren Decken, und mein Nachbar zur rechten, ein junger Sudanese, der in Kairo studierte, drückte mir ein Glas mit heißem Tee in die starren Finger. Er sprach etwas Englisch und war ein begeisterter Fußball-Fan.

„Im ägyptischen Fernsehen werden oft Bundesliga-Spiele gezeigt. Ich kenne alle deutschen Spieler", erklärte er.

„Und wer gefällt dir am besten?"

„Paul Breitner. Der trägt die Haare wie ein Afrikaner."

Wieder einmal befand ich mich auf dem Anmarsch zu einer abenteuerlichen Reise. Dem Orient und seinen Wüsten bin ich verfallen, und so zieht es mich alle Jahre wieder in die unwirtlichen Regionen Asiens und Afrikas. Wo immer es sich arrangieren läßt, miete ich Kamele oder schließe mich Handelskarawanen an, um auf diese Weise noch etwas vom geheimnisumwitterten Zauber des Orients zu erleben. Nomadenzelte und Karawanenlager sind meine zweite Heimat geworden. Dieses Mal war es das größte Land Afrikas – der Sudan – der mich lockte, und ich konnte es kaum erwarten, die Savannen und Wüsten zu durchstreifen.

Seit fast zwei Tagen schipperten wir nun über das Wasser, das die Ägypter „Nasser-See" nennen und die Sudanesen „Nubisches Meer". Nur noch wenige Stunden waren es bis Wadi Halfa, und unter den Passagieren entfaltete sich emsige Betriebsamkeit. Koffer, Säcke und Bündel wurden neu gepackt und verschnürt, Ausgeliehenes zurückgefordert und Unrat über Bord geworfen. Auf dem Oberdeck brach heftiger Streit aus, der sich alsbald ins Zwischendeck fortpflanzte. Vier Männer kamen die Stufen heruntergepoltert und verursachten sogleich ein Mordsspektakel. Die vier waren mir schon vorher aufgefallen, sie schienen zusammen-

Wie ein Meer in der Wüste – der Assuan-Stausee

Das Deck der Fähre war mit Gepäckstücken vollgestopft

zugehören, doch meine besondere Aufmerksamkeit erregten die Kamelsättel, die sie geschultert hatten. Der Anführer war ein baumlanger, grobschlächtiger Schwarzer, der immer eine Nilpferdpeitsche drohend in der Hand hielt, sich jedem gegenüber einen herrischen Tonfall herausnahm und überhaupt eine Atmosphäre der Unsicherheit, ja Angst um sich verbreitete. Jetzt tobte er erst richtig los, mit rollenden Augen blickte er wild um sich und brüllte seinen Begleitern Befehle zu. Er führte sich auf, als wäre er der Kapitän des Schiffes. Vom selben Kaliber müssen die arabischen Sklavenjäger gewesen sein, die jahrhundertelang den Sudan terrorisiert haben, dachte ich. Der Grund für ihre schlechte Laune war lächerlich: ein leerer, vermutlich halb zerrissener Sack, den sie beim Aufräumen vermißt hatten, und nun verdächtigten sie jeden, den Sack gestohlen zu haben. Mit der Peitsche fuchtelnd zog der „Sklavenjäger" übers Deck und stieß mit dem Fuß die Gepäckstücke um.

„Ihr nichtsnutzigen Diebe! Soll ich euch erst die Peitsche schmecken lassen? Was ist mit dir, du Hundesohn, red schon oder ich werfe dich über Bord! Oder du da, mit den Pockennarben, hast du etwa den Sack gestohlen?"

Auch mich nahm der Grobian nicht aus, und, als ich mir seine Schnüffelei verbat, musterte er mich mit einem kalten Grinsen von oben herab (ich reichte ihm gerade bis zur Schulter), dann tippte er mir verächtlich gegen die Brust und nuschelte: „Blas dich nicht auf, Nasrani (Christ)!"

Ich weiß nicht, ob er schließlich den verschwundenen Sackfetzen gefunden hat. Als wir uns Wadi Halfa näherten und ich mich erwartungsvoll an die Reling lehnte, da stand der Kerl plötzlich neben mir.

„Zigarette!"

Er bat nicht – er befahl!

Ich revanchierte mich und warf sie ihm wie einem lästigen Bettler vor die Füße.

Das hätte ich nicht tun sollen. Wieder traf mich dieser schneidend kalte Blick. Ohne eine Miene zu verziehen, zuckte seine herabhängende Hand so weit nach oben, daß er den Griff der am Handgelenk baumelnden Peitsche zu fassen bekam und mir dabei – Absicht oder Versehen? – das lange Ende schmerzhaft über den Oberschenkel schlug. Ohne ein Wort zu sagen, schnippte er die Zigarette mit der Peitsche zu mir herüber und sah mich lauernd an.

„Um Gottes willen, gib ihm die Zigarette!" rief einer der Umstehenden.

Es hätte gar nicht dieses Zurufs bedurft, spätestens in diesem Augenblick war mir klar, daß ich es nicht mit einem x-beliebigen Basarhändler zu tun hatte, sondern mit einem brutalen Menschenschinder. Mir fielen wieder die Sklavenjäger ein. Ich hob die Zigarette vom Boden auf und hielt sie ihm hin. Er riß sie mir aus der Hand – und lachte. Es war ein böses, höhnisches Gelächter. So muß Dschingis Khan gelacht haben, wenn die Besiegten auf die Knie fielen und um Gnade flehten. Dann schob er den Turban ins Genick und steckte sich die Zigarette zwischen die Zahnlücken. So standen wir eine Weile rauchend nebeneinander. Ich dachte an meine im Sudan geplanten Kamelreisen und an die Kamelsättel der vier Männer. Gott bewahre mich davor, einmal einem solchen Führer in die Hände zu fallen!

Ich konnte damals nicht wissen, daß dies die erste Begegnung mit meinen Karawanenleuten war . . .

Vier Wochen später in El Obeid, der Hauptstadt der sudanesischen Provinz Kordofan. Ich saß im Laden des Kamelhändlers Beschir Abu Djeib, der mir zugesichert hatte, daß ich eine seiner Karawanen zum Nil begleiten durfte. Seit einer Woche leistete ich Beschir Gesellschaft und hatte mich der phlegmatischen Gelassenheit der Einheimischen bewundernswert angepaßt. Stundenlang hockte ich auf meinem Stühlchen und verfolgte gelangweilt das gemächliche Treiben auf der sandigen, schattenlosen Ladenstraße, das von Pferdekarren, Eseln, Kamelen und gelegentlich vorbeiröhrenden Lkws bestimmt wurde.

Beschirs Laden war nackt und leer, bis auf einen Schreibtisch und den Geldschrank, denn die Ware, mit der er handelte, konnte er schlecht in Regale stopfen – die lagerte zwei Tagesreisen entfernt wiederkäuend im hohen Savannengras. Ab und zu schaute ein Bekannter des Händlers herein, und Beschir gab dann eine Runde Tee aus. Ansonsten konnte ich solchen Besuchen keinen Geschmack abgewinnen, denn regelmäßig wurden meine Reisepläne breitgetreten, und für die hat ein orientalischer Stadtbewohner nur ein mitleidiges Kopfschütteln übrig. Sich nur so zum Spaß den Strapazen und Gefahren einer langen Karawanenreise unterwerfen – hat man so was schon gehört?!

Beschir Abu Djeib, der Kamelhändler

„Nasrani, du wirst den Tag verfluchen, an dem du den Entschluß gefaßt hast", wurde ich gewarnt. „Du wirst verhungern und verdursten, die Sonne wird dich verbrennen, und in der Nacht wirst du erfrieren, Krankheiten werden dich quälen, und das Genick wirst du dir brechen. Du wirst überfallen, erschlagen, erschossen und erstochen werden, dein Geist wird im Wahnsinn enden und deine Seele in der Hölle. Tausend Tode wirst du sterben, aber niemals den Nil erreichen!"

Die Karawane sei abmarschbereit, hatte mir Beschir versichert, sie wartet nur noch auf den Führer. Und so saß ich nun im Laden des Beschir Abu Djeib, Tag um Tag, und wartete auf die Ankunft des Chabir, des Karawanenführers.

Und an einem dieser ereignislosen Tage, die sich in meinem Tagebuch regelmäßig in der lapidaren Notiz „Keine Vorkommnisse" erschöpften, betrat ein hünenhafter Kerl den Laden. Mein Blick wanderte von den nackten Füßen die schmutzige Pluderhose hinauf und blieb am Gürtel hängen, in dem eine überlange Nilpferdpeitsche steckte, deren Ende über den Boden schleifte. Das erinnerte mich an etwas, mir sträubten sich buchstäblich die Haare, und entsetzt blickte ich dem Mann ins Gesicht.

Das durfte doch nicht wahr sein! Der „Sklavenjäger" von der Fähre!

Beschir bot ihm artig einen Stuhl an, lächelte mir zu, deutete auf den Kerl und sprach das eine Wort aus, das bei mir prompt Schwindelgefühl und Schweißausbruch auslöste – „Chabir!"

Der Mann sah durch mich hindurch, als würde er sich nicht an mich erinnern. Ich war irritiert, aber Versteck spielen wollte ich auch nicht.

„Wir kennen uns bereits", sagte ich kühl.

„Tatsächlich?" wandte sich Beschir an den Chabir.

Dieser schaute mich jetzt an und grinste.

„Stimmt, wir haben auf der Fähre eine Zigarette zusammen geraucht." Kein Wort mehr verlor er über unseren Zusammenstoß. Ich verstand. Auf der Fähre, das war eine Auseinandersetzung zwischen ihm und mir gewesen, die niemanden sonst etwas anging. Ich hatte ihn (auf seine Art) beleidigt, und er hatte mich (auf seine Art) zurechtgewiesen. Der Mann zeigte Charakter, und mir dämmerte, daß ich ihn ganz falsch eingeschätzt hatte. Als Karawanenführer ist seine Autorität ständig gefordert, er ist verantwortlich für die Kamele und damit für das ihm anvertraute Vermögen des Händlers. Aber er trägt auch die Verantwortung für das Leben seiner Karawanenleute, denen er jede, auch die kleinste Nachlässigkeit austreiben muß. Und das geht oft nicht ohne ein gehöriges Maß an Brutalität. Daß er diese in Fleisch und Blut übergegangenen Ruppigkeiten nicht einfach ablegen kann, sobald er vom Kamel steigt, das liegt auf der Hand.

Ich war daher fast enttäuscht, als ich erfuhr, daß er gar nicht „mein" Chabir sei, sondern erst die nachfolgende Karawane führen sollte. Ich traf ihn noch einige Male, und, wenn wir auch nicht gerade Freunde wurden, so zollten wir uns doch gegenseitig den Respekt, den jeder dem anderen abverlangte. Er hatte mir meine Grenzen aufgezeigt, und innerhalb dieser Grenzen akzeptierte er mich ohne Heuchelei, aber auch ohne Hochmut. Ein Europäer, der mit Kamelen unterwegs ist, kann sich nicht wie ein flüchtiger Geländewagen-Tourist aufführen. Der Karawanenreisende hat sich dem Milieu bedingungslos anzupassen und unterzuordnen.

Und wenn ich an den Ärger mit meinem späteren, tatsächlichen Karawanenführer denke, dann glaube ich sogar, daß ich mit dem „Sklavenjäger" viel besser ausgekommen wäre.

Der Kamelhändler

El Obeid, oder richtiger: das nördliche Kordofan, ist das Zentrum eines ganz speziellen Karawanenhandels, der sich von der üblichen und bekannten Art – Gütertransport auf Kamelrücken – grundlegend unterscheidet. Der Karawanenhandel im allgemeinen ist in den letzten 60 Jahren, seit dem Einsatz von Lastwagen und dem forcierten Ausbau von Überlandstraßen, bis zur Bedeutungslosigkeit herabgesunken. Aber in abgelegenen, verkehrstechnisch kaum erschlossenen Regionen hat er sich bis in die heutige Zeit erhalten. Zwar auch nicht mehr in alter Blüte, aber immer noch in erstaunlichem Umfang. Und fast überall ist es das Salz, das den Karawanenverkehr am Leben hält. Doch was hier in Kordofan befördert wird, ist weder Salz noch eine andere Ware – es sind die Kamele selbst, die auf ihren eigenen Plattfüßen den langen Weg zu den Schlachthöfen Kairos antreten, um der chronisch schlechten Fleischversorgung in den Ballungszentren des Nildeltas abzuhelfen und in den Wurstfabriken und Fleischtöpfen der Ägypter zu landen.

Auch diese Karawanen sind kein romantisches Überbleibsel aus längst vergangenen Zeiten, sie existieren nur, weil es keine andere Möglichkeit gibt, die Kamele zum nächstgelegenen Verladebahnhof zu befördern. Isna heißt diese Station und befindet sich bereits jenseits der Grenze in Oberägypten. Eineinhalbtausend Kilometer sind das, sechs Wochen Marsch durch Savanne, Trockensteppe und Wüste unter der unbarmherzigen Sonne Afrikas. Die Risiken in diesem Geschäft sind enorm hoch, denn der Marsch durch die Wildnis ist voller Tücken. Leichtsinnige Führer, Sandstürme und ausgetrocknete Brunnen, verlorene, erkrankte und erschöpfte

Tiere können die Karawane leicht zu einer finanziellen Katastrophe werden lassen. Der Handel rentiert sich deshalb nur in großem Stil, und so gibt es in Kordofan zwar Hunderte von Kamelhändlern, aber nur fünf, die den Export nach Ägypten betreiben. Drei davon sitzen in El Obeid, und zu einem war ich einfach hingegangen, hatte freundlich guten Tag gesagt und angefragt, ob ich mit einer dieser Karawanen mitziehen könne.

Seit Jahren habe ich mich auf Kamelreisen spezialisiert und die nervenaufreibenden Verhandlungen mit Kamel- und Karawanenführern fürchten gelernt. Doch mit Beschir Abu Djeib, einem wohlbeleibten Herrn, war alles ganz anders.

„Die Wüste ist wie eine verwöhnte Frau, mein Freund", erklärte er mir in der blumigen Sprache der Orientalen. „Wer sie begehrt, muß ihr zu Füßen liegen. Nur dem wird sie ihre Gunst schenken,

Kordofanische Händler

. der um sie kämpft, der sein Leben für sie riskiert und weder Sonne noch Sand, Hunger noch Durst fürchtet. Glaub mir, ich weiß, wovon ich rede."

Beschir ließ offen, ob er damit die Frauen oder die Wüste meinte.

„Wieviel muß ich denn bezahlen?" fragte ich schüchtern, denn Kamele anzumieten ist ein teurer Spaß. Eine Erfahrung, die ich auf allen meinen Reisen gemacht habe. Wer es sich in den Kopf setzt, per Kamel zu reisen, der muß damit rechnen, auf legale Weise ausgeplündert zu werden. Die Preise bewegen sich zwischen dem Doppelten und dem Zehnfachen einer entsprechenden Flugreise und hängen von den Schwierigkeiten des Geländes sowie der Unverschämtheit der Eingeborenen ab.

„Bezahlen?!" Beschir schaute mich beleidigt an. „Du bist mein Gast und selbstverständlich kostet dich das keinen Piaster!"

Pro Saison, das heißt in jedem Winterhalbjahr, schickt Beschir sechs bis sieben Karawanen nach Ägypten, jede rund hundert Kamele stark. Sammel- und Startpunkt der Karawanen ist das kleine Städtchen Djireban, 350 Kilometer südwestlich von El Obeid, wo ein Agent die Kamele aufkauft, Treiber anheuert und den Proviant besorgt. Sobald die erste Karawane eines Winters abgegangen ist, fliegt der älteste Sohn Beschirs, der einmal das Geschäft übernehmen wird, nach Kairo, wo er für sechs Monate Quartier bezieht und den Verkauf der Herden abwickelt. Etwa zwei Drittel der Tiere enden in den Schlachthöfen, der Rest hat noch mal Glück gehabt und wird fortan im Niltal Heuballen und Baumwollsäcke schleppen.

An zwei Durchlaufstationen der Karawanen werden diese von Agenten betreut, in Dongola, wo die Herde den Nil erreicht und damit den gefahrvollen Streckenabschnitt hinter sich gebracht hat, sowie in Isna, dem Verladebahnhof. Der Dongola-Agent hat die Karawane mit allem zu versorgen, was sie für den Weitermarsch benötigt, und muß das Abgangsdatum nach El Obeid kabeln, damit Beschir seinen Sohn in Kairo davon unterrichtet. Dieser wiederum gibt die Meldung mit dem ungefähren Ankunftstermin und der Zahl der Tiere an den Agenten in Isna weiter, der daraufhin die Waggons bei der Eisenbahnverwaltung bestellt. Außerdem muß der Isna-Agent die Heimkehr der Karawanenleute per Bahnfahrt arrangieren (der „Sklavenjäger" und seine Crew, die ich auf der Fähre getroffen hatte, befanden sich gerade auf einer solchen Rückreise).

Auf dem Streckenteil zwischen Dongola und Isna überqueren die Karawanen die sudanesisch-ägyptische Grenze, und zwar unkontrolliert, da der einzige Grenzübergang – Wadi Halfa – zu unverantwortlichen Umwegen zwingen würde. Das ist in einer Vereinbarung beider Regierungen geregelt, aber für mich ergaben sich daraus ärgerliche Konsequenzen, denn die Regelung gilt nur für die Karawanen, nicht für spleenige Europäer. Meine Bemühungen um eine Sondererlaubnis waren zeitraubend und völlig nutzlos. Sowohl in Kairo als auch in Khartum war mir der Grenzübertritt mit den Kamelen strikt verboten worden, so daß ich die Karawane in Dongola verlassen und auf den letzten Teil der Strecke, der allerdings nur noch am Nil entlang führt, verzichten mußte.

In Isna werden die Kamele verzollt und tierärztlich untersucht. Die Regierung in Khartum stellt Exportlizenzen für jeweils tausend Kamele aus; ist die Zahl erreicht, muß der Händler eine neue Lizenz beantragen. Früher machten die Nomaden das Geschäft selber, ohne die kordofanischen Exporteure zwischenzuschalten, und trieben ihre Kamele in kleinen Trupps nach Ägypten. Doch die jetzigen strengen staatlichen Regulierungen und bürokratischen Formalitäten haben diesen direkten Handel praktisch zum Erliegen gebracht. Mit dem Beschaffen der Exportlizenzen waren die Nomaden überfordert, die tierärztliche Prüfung empfanden sie als Schikane, und obendrein mußten sie ohne den Verkaufserlös heimkehren. Die Einnahmen dürfen nämlich nur über die staatlichen Banken transferiert werden, und die Auszahlung dauert oft viele Monate. Ein Ärgernis, das auch Beschir heftig beklagte.

Heute ist der Kamelexport ein Monopol der Händler, und sie verdienen gut in dem Geschäft. Die stetig wachsende Bevölkerung im Großraum Kairo garantiert die Nachfrage und gute Erlöse. Mitte der sechziger Jahre sah sich die ägyptische Regierung sogar gezwungen, Importbeschränkungen zu verfügen, weil das Kamelgeschäft die Handelsbilanz beider Staaten zuungunsten Ägyptens belastete.

Wie hoch die Gewinnspannen tatsächlich sind, versuchten alle Beteiligten mir gegenüber zu verschleiern, als käme ich von der Steuerfahndung.

„Nun ja", hieß es zum Beispiel, „nach einer ergiebigen Regenzeit sind viele Kamele gut über den Sommer gekommen und die Nomaden bieten ausreichend Tiere an, was den Einkaufspreis natürlich drückt."

Auf meine Frage nach dem Verkaufspreis in Kairo bekam ich eine genauso vage Antwort.

„Das kommt darauf an, ob ein Kamel für den Schlachthof bestimmt ist oder von einem Bauern als Transporttier gekauft wird. Schlachttiere sind billiger, und bei ihnen kommt es dann noch darauf an, ob sie am Anfang des Winters oder zum Ende der Saison angeboten werden. Die ersten Karawanen im Herbst erzielen die höchsten Gewinne, denn Kairo hungert nach Fleisch und zahlt Überpreise."

Erst nach mehreren Versuchen gelang es mir, Beschir ein paar Zahlen aus der Nase zu ziehen. Den durchschnittlichen Einkaufspreis der Kamele gab er mit 400 bis 600 sudanesischen Pfund (1 sudanesisches Pfund = DM 3,–) an, und die gleichen Summen in ägyptischen Pfund führte er als Verkaufspreis auf. Das heißt, die Kursdifferenz von circa 25 Prozent bestimmt den Verdienst. Bei 700 Kamelen pro Saison sind das eine Viertelmillion Mark und selbst nach Abzug aller Unkosten bleibt da noch ein erkleckliches Sümmchen übrig.

El Obeid

Mein Quartier hatte ich im Hotel *Scheichan* aufgeschlagen, einer einfachen, billigen Herberge, in der dem Gast nur ein mit schmuddeligen Matratzen versehenes Bettgestell geboten wird. Den Schlafraum teilte ich mit vier halbnackten Negern, den Waschraum mit siebzig. Aber im Vergleich mit den verkommenen Absteigen in Ägypten oder der Türkei war das *Scheichan* ein Paradies an Sauberkeit. Räume und sanitäre Anlagen wurden täglich gefegt und geschrubbt, wovon sich die Kakerlaken allerdings nicht beeindrucken ließen. Schlüssel gab es keine, und die Türen standen Tag und Nacht weit offen, was mich anfangs um mein Gepäck fürchten ließ. Ein Mißtrauen, das vollkommen unbegründet war, mir ist auch nicht das geringste gestohlen worden.

Einmal zählte einer meiner Mitbewohner vor aller Augen Geldscheine. Es mögen 2000 Pfund gewesen sein, die der Mann dann wieder in seinen unverschlossenen Koffer steckte und unter das Bett schob. Unbekümmert stand er auf und ging hinaus, um sich für das Abendgebet vorzubereiten. Soviel Vertrauen in seine Mitmenschen hätte er sich im „zivilisierten" Europa sicher nicht erlauben dürfen.

Was mir den Aufenthalt in meinem Hotel etwas verleidete, war der dortige Polizei-Spitzel. Ein langaufgeschossener Neger, der sich, kaum daß ich eingezogen war, an mich heranmachte und kräftig auf die Regierung schimpfte. Auf derartige Diskussionen lasse ich mich grundsätzlich nicht ein, und so wechselte er schnell das Thema, wich aber nicht von meiner Seite. Häufig lungerte er in meinem Zimmer herum und verwickelte mich in ermüdende Gespräche. Der Mann war lästig, schien aber ein harmloses Gemüt zu sein. Doch als ich von der Sicherheitspolizei zu einem Verhör abgeholt wurde und dabei Dinge zur Sprache kamen, die nur er den Beamten zugetragen haben konnte, durchschaute ich das Spiel.

„Du arbeitest also für die Polizei!" stellte ich ihn zur Rede.

„Ich? Nein!"

„Aber du hast doch dem Offizier von mir erzählt!"

„Ich? Nein!"

„Du lügst!"

„Ich? Nein!"

„Ich habe dich doch auf der Polizeistation gesehen!" bluffte ich, „gib endlich zu, daß du ein Spitzel bist!"

„Ja, ein bißchen", räumte er dann kleinlaut ein.

Einmal kam er am Laden des Kamelhändlers vorüber und grüßte mich mit viel Hallo. Beim Anblick des Negers zogen sich Beschirs Augenbrauen zusammen. Ein Araber hat einen Schwarzen als Diener, aber nicht als Freund.

„Was hast du mit einem verdammten Dinka zu schaffen?" fuhr Beschir mich an.

„Nichts, gar nichts!" beeilte ich mich zu versichern. „Er wohnt bloß im selben Hotel und spricht Englisch."

Beschir nickte zufrieden, mein Renommee war gerettet. Die Freundschaft mit einem Neger hätte er mir nie verziehen.

„Allahu kerimollahim!" So schallt der Ruf der Bettler durch die in Staub gehüllten Straßen von El Obeid. Die Stadt hat 90 000 Einwohner, doppelt soviel wie noch vor zwanzig Jahren. An der provinziellen Kulisse hat der Menschenzustrom jedoch kaum etwas verändert. Die Bahnlinie von Khartum endet hier, und ansonsten ist die Stadt nur durch miserable Naturpisten mit der Außenwelt verbunden. Wer Geld hat, benutzt das Flugzeug, muß dafür aber viel Zeit oder Beziehungen haben, denn die Maschinen sind Monate im voraus ausgebucht. Touristen verirren sich ganz selten nach El Obeid, die Stadt hat weder architektonische Monumente noch eine erwähnenswerte geschichtliche Vergangenheit aufzuweisen.

Bekannt geworden ist sie eigentlich nur als Residenz des Mahdi, jenes berühmt-berüchtigten islamischen Rebellenführers, der im letzten Viertel des vorigen Jahrhunderts den Sudan von der Herrschaft der Ägypter und Engländer befreite. 1882 hatte er El Obeid nach halbjähriger Belagerung erobert, hier metzelte er ein Jahr später die Armee des Generals Hicks nieder und versetzte Europa in Angst und Schrecken wie seit den Türkenkriegen nicht mehr. Von El Obeid aus startete er seine Feldzüge gegen die britische Kolonialmacht, bis er 1885 mit dem Fall von Khartum die Macht über den gesamten Sudan an sich gerissen hatte.

Im Kampf um Khartum waren zwei ebenbürtige Gegner aufeinandergeprallt, der fanatische Mahdi und der legendäre englische Gouverneur Gordon Pascha, dessen grausamer Tod aber bereits die Niederlage der Mahdi-Bewegung einläutete. Die Augenzeugenberichte über das im Triumphzug auf eine Stange gesteckte und zur Schau getragene Haupt des Unglücklichen empörten ganz England, und die Niederwerfung des Mahdi-Aufstands war jetzt nicht allein eine Angelegenheit kolonialer Außenpolitik, sondern eine Forderung der öffentlichen Meinung, die diese Schmach getilgt sehen wollte.

Der Mahdi überlebte Gordon Pascha nur um wenige Monate, und sein Nachfolger verfügte nicht über dessen Charisma, um die vielen Völker und Stämme, die unter der Fahne des Propheten angetreten waren, zusammenzuhalten. Interne Aufstände und Machtkämpfe schwächten das Regime der Mahdiya, und 1899 versetzte ein englisches Expeditions-Korps in der Schlacht bei Omdurman der Mahdi-Herrschaft den Todesstoß. Es war ein ungleiches Gefecht, den Gewehren und Geschützen der Engländer hatten die Sudanesen nur Speere und Schwerter entgegenzusetzen. Als dieser entsetzliche Tag vorüber war (den der junge Winston Churchill als Kavallerie-Leutnant erlebte), bedeckten zehntausend tote Stammeskrieger das Schlachtfeld.

Gut 80 Jahre liegt das blutige, aber glorreiche Intermezzo der Mahdiya erst zurück, und im Sudan sind die Geschehnisse noch sehr lebendig – kein Haus ohne ein Bildnis des wie ein Prophet verehrten Mahdi – aber in ihrer Gastlichkeit gegen Fremde lassen sich die Sudanesen von niemandem übertreffen. Keine vordergründige, nur auf den eigenen Vorteil bedachte Freundlichkeit, wie sie der Ägypter zur Schau trägt, sondern eine unaufdringliche Liebenswürdigkeit ohne Heuchelei und ohne Schielen auf ein Bakschisch. Wie oft habe ich in den Teehäusern von El Obeid erlebt, daß meine Getränke von einem unbekannten Spender beglichen wurden. So setzte sich z. B. einmal ein Mann an meinen Tisch, schlürfte seinen Tee und würdigte mich keines Blickes. Als der Bediener ihn jedoch abkassierte, deutete er verstohlen auf mich, bezahlte meine Zeche und verschwand, bevor ich überhaupt begriffen hatte.

Nein, Sehenswürdigkeiten im Sinne eines Reiseführers hat El Obeid nicht zu bieten. Nur die Liebenswürdigkeit seiner Menschen, und die läßt sich in Fotos und Broschüren nicht festhalten, die muß man schon am eigenen Leibe erfahren.

Endlich ist der langersehnte Karawanenführer eingetroffen.

„Er kam sehr spät in der Nacht", berichtete Beschir am nächsten Morgen, „er hat sich nur seine Anweisungen geholt und ist in aller Frühe mit dem ersten Lkw nach Djireban weitergefahren."

Immer wieder habe ich das Glück, die Gastfreundschaft der Menschen zu erleben

Ich erschrak. Hatte man mich vergessen?

„Mach dir keine Sorgen", beschwichtigte mich Beschir, „mein Neffe Hassan wird dich in seinem Pickup-Truck hinbringen. Die Karawane hat Order, auf dich zu warten."

Ein afrikanisches Dodge City

Die Teerstraße endete abrupt bei den letzten Hütten von El Obeid und führte übergangslos hinein in die mit hüfthohem Steppengras überwucherte Savanne. Zwischen krumm gewachsenen Akazien hindurch schlängelte sich die Piste nach Westen. Nach einer halben Stunde hatte sich das Auge an die eintönige Landschaft gewöhnt und nahm sie kaum noch wahr. Spät in der Nacht erreichten wir die Kleinstadt En Nahud und schliefen im Hause eines Bekannten.

Die Händlerschaft von En Nahud befand sich in heller Aufregung. Seit Wochen schon gab es keinen Zucker mehr zu kaufen, und fünf Tage zuvor hatte die aufgebrachte Bevölkerung den Markt gestürmt, zahlreiche Kaufläden geplündert und niedergebrannt. Die Leute verdächtigten die Händler, den Zucker zu horten, um die Preise hochzutreiben. Unser Gastgeber gehörte zu den Geschädigten, und die Stimmung war sehr gedrückt.

En Nahud lag auf halbem Wege nach Djireban, und es war schon wieder dunkel, als wir an unserem Ziel eintrafen. Seit El Obeid war mir der Name des Ortes ein so fester Begriff geworden, daß ich eine große Ansiedlung erwartete. Als wir aber da waren, hätte ich Djireban fast gar nicht bemerkt, denn die vereinzelten Feuer und Petroleumlampen wirkten in der Dunkelheit so verloren, als wären wir in irgendein Dorf oder Nomadenlager gekommen.

Offiziell existiert Djireban überhaupt nicht, denn nach dem

Willen der Behörden heißt die Stadt „Ghubeisch", und so ist sie auch auf allen Karten eingezeichnet. Doch in Kordofan kennt man den Ort nur als „Djireban", nach einem Händler benannt, der den Marktflecken einst gegründet haben soll.

Selbst der Chef der Verwaltungsbehörde, ein von der Zentralverwaltung eingesetzter Offizier, brachte dauernd beide Bezeichnungen durcheinander.

Djireban ist bis heute das geblieben, was es immer gewesen ist: Versorgungsstation am Schnittpunkt zweier Handelswege. Die ganze Ortschaft ist nicht mehr als ein großer Marktplatz mit seinen Läden und den Lehmhäusern der wohlhabenden Händler, um die sich ein Ring von spitzkegeligen Hütten zieht. Als Einwohnerzahl wurde mir sechstausend genannt, was mir reichlich hoch gegriffen schien. Als Startpunkt der Ägypten-Karawanen ist Djireban im ganzen Land bekannt, aber auch die West-Ost-Achse vom südlichen Darfur zur Doppel-Metropole Khartum-Omdurman, wo Weißer und Blauer Nil zusammenfließen, berührt den Ort und ist auf seine Brunnen angewiesen. Von diesen letzteren, ehemals großen und ertragreichen Karawanenzügen sind nur die Rinderherden geblieben, die von Darfur nach Omdurman getrieben, dort mit der Eisenbahn nach Port Sudan und per Schiff übers Rote Meer nach Djidda in Saudi-Arabien verladen werden. So lebt Djireban heute vor allem von den Viehtransporten – Kamele nach Norden, Rinder nach Osten.

Den Stadtkern Djirebans, das heißt die festen Häuser, konnte ich in weniger als einer halben Stunde umwandern. Die anschließenden Viertel mit den Hütten aber waren planlos in die Savanne hineingewachsen, wo sich die Hütten und Gemüsefelder harmonisch in die Kulisse der Dornbüsche und Akazien einfügten. Die sudanesische Wohnhütte, *Tukul* genannt, ist das Haus der einfachen ländlichen Bevölkerung. Ein schlichter Rundbau mit spitzkegeligem, geflochtenem Mattendach, umgeben von einer hohen

Sammel- und Startpunkt der Karawane ist Djireban

Hürde aus Buschwerk. Das sieht schon sehr schwarzafrikanisch aus, und die Menschen selber, die sich zwar stolz als Araber bezeichnen, haben sich im Laufe der Jahrhunderte so stark mit ihren schwarzen Sklaven vermischt, daß sie für einen Europäer nur schwer von „richtigen" Negern zu unterscheiden sind. Das gilt vor allem für die seßhaften Dörfler und Bauern, der nomadische Bevölkerungsteil hat sich seinen arabischen Ursprung bewahrt.

Hassan betrieb nicht nur ein Geschäft in Djireban – er handelte mit diesem und jenem, mit Erdnüssen, Baumwollstoffen, Autoreifen und Rindern – er hatte auch eine zweite Familie hier gegründet und bewohnte ein Haus gegenüber vom Marktplatz. Obwohl ich die Tage bis zum Abmarsch der Karawane als Gast dort verbrachte, habe ich seine zweite Ehefrau ebensowenig zu Gesicht bekommen wie die erste in El Obeid.

Männer- und Frauenräumlichkeiten sind in traditionellen islamischen Wohnungen strikt voneinander getrennt. Der gesamte Gebäudekomplex von Hassans Haus war von einer hohen Mauer umgeben, ein großflächiger Hof bildete im Innern eine Art Wohnzimmer, wo die Männer im Sand hockend ihre Mahlzeiten einnahmen oder Gäste empfingen. In der einen Ecke waren Erdnußsäcke gestapelt, in der anderen versteckte sich hinter einer Hecke der Abort. Das Männerhaus, in dem Hassans Söhne schliefen, war nicht mehr als ein Schuppen mit einer Veranda davor, auf der Bettgestelle für Besucher bereitstanden.

Auf der gegenüberliegenden Seite des Hofes schirmte eine Mauer die Frauenräume von der Umwelt ab. Ein enger und niedriger Durchlaß war hier das Tor zum Paradies, für den Hausherrn jedenfalls, denn für alle fremden Männer ist die Frauen-Abteilung tabu. Umgekehrt ließ sich auch kein weibliches Wesen außerhalb ihres Wohnbereichs blicken.

Der einzige, den ich im „kleinen Grenzverkehr" hinüber- und

herüberwechseln sah, war der Hausdiener, ein Dinka-Neger aus dem Bahr el-Gazal. Die Dinkas gehören zum festen Inventar jedes arabisch-sudanesischen Haushalts. Früher wurden sie als Sklaven gehalten, heute sagt man Diener, was aber keinen Unterschied macht. Das soll nicht heißen, daß es ihnen schlecht geht, denn die Haussklaven wurden schon immer als Familienmitglieder betrachtet und behandelt. Meist werden sie mit englischen Namen wie John oder James gerufen. Sie gelten als anstellig, fleißig und loyal. Die Dinkas fallen durch enorme Körpergröße und schlanken Wuchs auf, alles an ihnen wirkt lang und schlaksig. Und wenn sich einer ungeniert splitternackt an einem Tümpel oder Brunnen wusch, dann schien er nur noch aus Armen und Beinen zu bestehen. Die strenge Trennung von Männer- und Frauenräumen kann einen Gast allerdings schon manchmal zur Verzweiflung bringen. Benötigt man etwas, und sei es nur eine Wasserkanne für den Gang zum Abort, befindet sich das Gewünschte stets im Frauenhaus, und ohne einen Vermittler läuft da gar nichts. Das kann der Hausherr sein, einer der Söhne oder der Hausdiener, und meist ist keiner zur Stelle, wenn man ihn braucht.

Ich wollte mich waschen, von Kopf bis Fuß, mir den ganzen Staub der vergangenen Tage runterspülen, doch niemand ließ sich blicken. Hassan war im Laden, die Söhne wer weiß wo, und der Diener, der sonst alle paar Minuten über den Hof latschte, hielt sich auch verborgen. Vermutlich hatte er sich irgendwo hingelegt und schlief. Womöglich gar mit der Herrin, denn die körperlichen Vorzüge der Dinka-Männer dürften wohl schon so manche brave Araberin in Versuchung geführt haben. Hinter der Mauer hörte ich die Frauen kichern, aber so wie es mir verboten war, die Frauen-Abteilung zu betreten, so war es ihnen nicht gestattet, zu einem fremden Mann herauszukommen. Ich hatte keine Chance an mein Waschwasser zu gelangen.

Am Abend machte ich Hassan diskret auf das Problem aufmerksam, und als ich mich am folgenden Morgen aus der Schlafdecke wickelte, standen zwei Eimer mit heißem Wasser bereit.

Der erste, der sich bei uns einfand, war Beschirs Agent. Unter einem Geschäftsagenten stellt man sich einen agilen, quicken Herrn vor, modisch gekleidet, den schwarzen Aktenkoffer in der Hand und unablässig hektisch unterwegs. Mit dem Geländewagen selbstverständlich, denn Zeit ist bekanntlich Geld, auch im Sudan.

Doch nichts von alledem war Abdelfadil el-Faki. Auf einem Esel kam er angeritten, und in der weißen, bis zum Boden reichenden Djellabiya, dem gleichfarbigen Turban und der Blechbrille im Gesicht sah der Alte, ich schätzte ihn auf sechzig Jahre oder mehr, wie der Imam einer Koranschule aus.

Der unvermeidliche Tee brachte das Gespräch in Gang.

„Wann zieht die Karawane los?" fragte ich ungeduldig.

„Hm, hm." Abdelfadil rieb sich mit dem Zeigefinger den Nasenflügel. „Es gibt da ein Problem." Und mit seiner hohen Fistelstimme erzählte er eine Geschichte, die zu der Art von Episoden gehört, ohne die kein Wildwest-Film auskommt.

„O Allah, diese Djammala (Kameltreiber)!"

Abdelfadil reckte hilfesuchend die Arme gen Himmel.

„Gestern mittag schicke ich einen dieser Kerle zum Markt, damit er in der Mühle einen Sack Hirse mahlen läßt. Und was macht diese Ausgeburt der Hölle?!"

Der Alte blickte fragend in die Runde. Seine Stirnfalten drückten Kummer und Zerknirschung aus.

„Er wird zu einer Hure gegangen sein", bemerkte Hassan.

„Wenn's doch das nur gewesen wäre!" seufzte Abdelfadil und hielt einen Augenblick inne.

„Nein!" Seine Stimme überschlug sich. „Allah verdamme diesen Sohn einer buckligen Sklavin – mit Dattelschnaps hat er sich vollaufen lassen! Bis er keinen Piaster mehr in der Tasche hatte und der Scheitan in ihn gefahren war!"

Abdelfadil, der Kamelagent

Abdelfadil machte eine Pause und wartete die Wirkung seiner Worte ab. Der Koran hat den Genuß von Alkohol zwar streng verboten, trotzdem sind betrunkene Kameltreiber in Djireban keine Seltenheit. Aber die Erwähnung des Teufels (Scheitan) hatte die Zuschauer hellhörig gemacht. Offenbar ging die Geschichte jetzt erst los.

„Durch die Gassen ist er getorkelt und hat Streit gesucht. Die Kinder sind hinter ihm hergelaufen, haben Schimpfworte geschrien und ihn mit Sand beworfen. Bei Allah, die Wut hat ihn blind gemacht, er wußte nicht mehr, was er tat."

Abdelfadil hatte die Augen geschlossen, als wolle er die Szene vor seinem geistigen Auge rekonstruieren.

„Was, was ist geschehen?" riefen Hassan und Chalifa entsetzt. Chalifa war Hassans Chauffeur und Leibwächter.

Der Alte räusperte sich und senkte die Stimme.

„Abderrahman, ihr kennt doch den Tuchhändler Abderrahman, ein Wort ergab das andere, und dann hat er auf den Tuchhändler eingeschlagen. Das Hemd hing bald in Fetzen, das Blut lief aus den Wunden an Kopf und Oberkörper, und, als die Peitsche endlich zerbrach, da hat sich der Teufel mit dem Dolch auf das bewußtlos am Boden liegende Opfer gestürzt."

Die letzten Sätze hatte Abdelfadil stoßweise herausgewürgt. Er krümmte sich, als wäre er selber ausgepeitscht worden. Ich saß starr vor Schrecken. Ich bin schon mit wüsten Gesellen geritten, mit den berüchtigten Tuareg durch die Tenere-Wüste und mit Banditen in Belutschistan, aber einen solchen Rabauken hatte ich noch nie als Begleiter.

Auch Hassan brauchte einige Zeit, um sich zu fassen.

„Ausgerechnet Abderrahman!" flüsterte er. „Ist er tot?"

Abdelfadil richtete sich langsam auf. Er schüttelte sich etwas, dann hatte er sich wieder unter Kontrolle und reagierte ganz und gar als der Agent des mächtigen Beschir Abu Djeib.

„Nein, noch lebt er, aber die Leute sagen, es steht schlecht um ihn." Seinem Tonfall war unschwer zu entnehmen, daß ihn das Leben des Opfers nur insoweit berührte, als ein unglücklicher Ausgang der Affäre den pünktlichen Abmarsch der Karawane gefährden würde.

Der Übeltäter saß jetzt im Gefängnis, und ohne ihn konnte die Karawane nicht losmarschieren. Kamele über eineinhalb Tausend Kilometer durch die Wildnis zu treiben, ist Teamarbeit und erfordert Spezialisten, da konnte Abdelfadil nicht irgendeinen Burschen auf der Straße einfangen und als Ersatz anheuern. Seit drei Wochen waren die Kamelleute nun beisammen, hatten die täglich wachsende Herde betreut, geweidet, getränkt und mit dem Brandeisen markiert. Sie waren zu einem eingespielten Team geworden, denn Kameltreiber sind ein rauhes Volk und müssen sich erst zusammenraufen, wenn sie für mehrere Monate härtester Arbeit eine zuverlässige Mannschaft abgeben sollen. Abdelfadil sieht deshalb den Männern genau auf die Finger und wenn er meint, daß einer nicht die nötige Qualifikation mitbringt oder sich nicht mit den anderen verträgt, dann schmeißt er ihn raus. Der Chabir, der gewöhnlich erst einige Tage vor dem Abmarsch zur Karawane stößt, muß sich darauf verlassen können, daß der Agent ihm nicht nur ausgesucht gesunde und widerstandsfähige Kamele übergibt, sondern auch erstklassige Treiber. Da Abdelfadil ein versierter und gewiefter Agent ist, kommt es so gut wie nie vor, daß der Chabir an den eingekauften Kamelen oder den Karawanenleuten etwas auszusetzen hat.

Die Einladung zum Essen lehnte Abdelfadil dankend ab, kletterte auf seinen Esel und ritt zum Gefängnis, um sich mit dem Polizeichef zu arrangieren und den Kameltreiber freizukaufen.

Meine Tage in Djireban ähnelten denen in El Obeid. Ich vertrieb mir die Zeit in Hassans Laden, wo ich in seinem ältesten, fast schon erwachsenen Sohn einen angenehmen Gesprächspartner fand. Seine vornehme Zurückhaltung hob sich wohltuend ab von der cholerischen Polterei des Alten. Dessen ungeachtet war Hassan ein aufmerksamer Gastgeber, der es mir an nichts fehlen ließ, auch wenn mir seine aufdringliche Fürsorge manchmal auf die Nerven ging.

So saß ich denn in Hassans kleinem Laden und wehrte tapfer alle Einschüchterungsversuche der Leute ab, die mir unverblümt ins Gesicht sagten, daß ich für einen Karawanenmann nicht tauge, viel zu schwächlich gebaut sei und den mörderischen Ritt nie und nimmer überleben werde. Ich maß ihrem Gerede keine Bedeutung bei – der Orientale schwadroniert viel, wenn der Tag lang ist. Als einer der fettleibigen Basarhändler aber Hassan eine Wette anbot und dieser nicht dagegensetzen wollte, beunruhigte mich das doch.

Gegenüber von Hassans Laden, unter einem knorrigen Schattenbaum, lag ein alter Mann im Staub. Eine grobe Wolldecke verhüllte den Anblick dieses Bündels menschlichen Elends. Manchmal brachte jemand eine Schale Wasser, und die Händler warfen ihm Essensreste hin, die er wie ein herumstreunender Hund aus dem Sand klaubte und sich mit altersschwachen, zittrigen Fingern in den Mund stopfte. Tag und Nacht lag er dort und rappelte sich nur hoch, um an einer Hausmauer seine Notdurft zu verrichten. Die Decke um den nackten Oberkörper geschlungen, wankte er über die Straße. Einmal rutschte ihm dabei die Decke herunter. Es war grauenhaft. Der Rücken des Greises war eine einzige offene Wunde. Von den Schulterblättern bis zur Hüfte nur rohes, blutiges Fleisch, voller Eiterbeulen und Maden, die sich in diesen lebenden Leichnam hineinfraßen.

Aufgebracht stellte ich Hassan zur Rede, doch er verstand meine Aufregung überhaupt nicht.

„Der Alte liegt schon seit Wochen hier", erklärte er. „Niemand weiß, woher er gekommen ist. Es ist Gottes Wille, daß er hier in Djireban sterben soll. Allahu akbar!"

Und unwirsch fügte er hinzu: „Misch dich nicht in unsere Angelegenheiten. Der Alte bekommt zu essen und zu trinken, bis er stirbt. Was kann ein Mensch mehr verlangen?!"

Abdelfadil schaffte es tatsächlich, den Kameltreiber aus dem Gefängnis freizubekommen.

„Morgen zieht die Karawane los", erklärte Hassan, in der Gewißheit, mir damit eine Freude zu machen.

Doch Abdelfadil schüttelte mißbilligend den Kopf.

„Morgen ist Mittwoch, und das ist ein Unglückstag. Nie werde ich es zulassen, daß eine Karawane an einem solchen Tag die Reise beginnt."

Allah ist groß, der Aberglaube noch größer.

Aufbruch der Karawane

Einen Tag vor dem Abmarsch wurde die Kamelherde getränkt. Als wichtiger Karawanen-Stützpunkt verfügt Djireban über zwei Wasser-Pumpstationen, die von Dieselmotoren angetrieben werden und wegen ihrer Pferdekopf-Pumpen überall im Sudan nur „Donki" heißen.

An der Tränke herrschte Hochbetrieb, und unsere Herde mußte in einiger Entfernung „Warteposition" beziehen. Eine aus dreihundert Tieren bestehende Rinderkarawane hatte sich bereits im Morgengrauen eingefunden, und das Tränken der Rindviecher dauerte den halben Tag. Ich unterhielt mich derweil mit ihrem Karawanenführer. Sie kamen aus Nyala und würden sechs Wochen bis zum Viehmarkt von Omdurman unterwegs sein. Zwölf Treiber teilten sich die Arbeit, von denen im täglich wechselnden Rhythmus die eine Hälfte auf Eseln ritt und die andere zu Fuß marschierte.

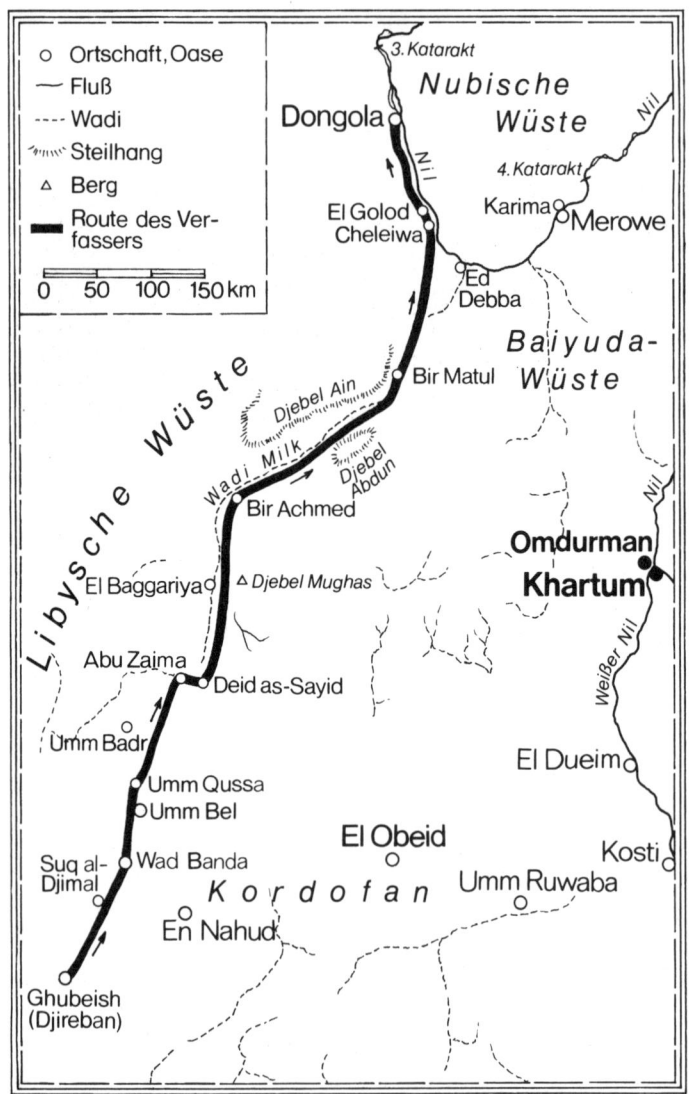

38

Die Pumpstation von Djireban. Tränkplatz für viele Karawanen

Am späten Nachmittag waren auch wir endlich an der Reihe. Doch jetzt gab's neuen Ärger, dem Chef der Pumpstation war das Dieselöl ausgegangen.

„Bis ich eine neue Zuteilung von der Distriktverwaltung erhalte, werden Wochen vergehen. Wenn ihr eure Kamele tränken wollt, müßt ihr das Dieselöl schon selber mitbringen!"

Die miserable Versorgungslage, die ich schon in En Nahud erlebt hatte, schlug hier in der tiefsten Provinz natürlich besonders kräftig durch. Abdelfadil war es schon nicht möglich gewesen, die Karawane mit genügend Zucker zu verproviantieren – und nun dies! Er schäumte vor Zorn, aber was sollte er machen? Mit einem Kanister ritt einer der Kameltreiber in die Stadt, um für teures Geld den begehrten Treibstoff einzukaufen.

Es war schon fast dunkel, als das Wasser endlich in die Sauftröge floß.

Die gesamte Karawane bestand aus 101 Kamelen und vier Männern, die für sie verantwortlich waren.

Der Karawanenführer hieß *Mohamed Ali*, war 47 Jahre alt und gehörte dem Stamm der Beni Djerar an, die einen üblen Ruf als Viehdiebe und Karawanenräuber haben und Erbfeinde der Kababisch sind, mit denen sie sich seit Jahrhunderten um die Weideplätze streiten und durch deren Gebiet die Karawane hindurch muß. Auf meine Frage, wie oft er den Treck nach Ägypten bereits gemacht habe, schob er sich den Turban in die Stirn und kratzte sich verlegen am Hinterkopf. Mit allen zehn Fingern bemühte er sich, die Rechenaufgabe zu lösen, kam aber zu keinem Ergebnis.

„O Aga, ich weiß es nicht. Meine erste Reise habe ich mit fünfzehn oder sechzehn Jahren gemacht, das war noch zu Zeiten des König Faruk."

In diesem Jahr war es bereits seine zweite Karawane und gegen Ende des Winters würde noch eine weitere folgen. Eine physische Leistung, die man kaum glauben mag, doch Abdelfadil bestätigte, daß Beschir einen festen Stamm von Karawanenführern beschäftigt, die in jeder Saison zwei- bis dreimal den Gewaltritt nach Ägypten vollbringen.

Mohamed Ali erwies sich als ein Schlitzohr, das sich rücksichtslos über die Interessen anderer Leute hinwegsetzte. Obendrein war er dem *Aragi*, dem Dattelschnaps ergeben, den er in einem 5-Liter-Kanister immer griffbereit am Sattel hängen hatte. Aber das bemerkte ich erst unterwegs. In El Obeid hatte Beschir mich noch beglückwünscht, daß ich gerade ihn als Führer bekommen werde, denn Mohamed Ali sei ein umgänglicher Mensch, der weder rauche noch trinke. Und Beschir erwähnte einen anderen Chabir, der leider nichts anderes als seinen Schnaps im Sinn habe.

Also da muß der gute Beschir Abu Djeib etwas verwechselt haben. Entweder die Karawanenführer saufen alle wie die Löcher, oder mein Mohamed Ali war gerade derjenige, von dem Beschir mit so viel Abscheu sprach.

Mohamed Ali,
der Karawanenführer

Bachid Hamid, die rechte
Hand des Karawanenführers

Bachid Hamid war die rechte Hand des Karawanenführers. 25 Jahre alt, vom Stamm der Darhamid, und das genaue Gegenteil seines Chefs. Wenn Mohamed Ali abwesend war, um im nächsten Dorf seinen Schnapskanister nachzufüllen, oder er sich so betrunken hatte, daß er den verbliebenen Rest seines Verstandes darauf verwenden mußte, nicht vom Kamel zu fallen, dann übernahm Bachid die Führung der Karawane. Er machte kein großes Theater deswegen, und Fehler des Chabir bügelte er wortlos aus. Mit zunehmender Reisedauer nahm die nachsichtige Toleranz des jungen Bachid jedoch ab, und bei schwerwiegenden Fehlleistungen konnte er es sich nicht verkneifen, mit ironischen Bemerkungen den Chabir bloßzustellen. Widerspruch vertrug Mohamed Ali aber ganz und gar nicht und das Verhältnis zwischen den beiden war bald so gespannt, daß der Chabir zeitweilig Bachid als seinen Stellvertreter absetzte.

Abdallah Hamid, 20 Jahre, war Bachids jüngerer Bruder. Ein Karawanen-Neuling, der als Kameltreiber angelernt wurde. Nicht etwa, daß Abdallah von Kamelen nichts verstand, ganz im Gegenteil, aber in manchen sehr speziellen Fertigkeiten, wie sie nur beim wochenlangen Treiben großer Herden verlangt werden, war er wenig beschlagen. Dafür beherrschte Abdallah als einziger Lesen und Schreiben, und er führte dem Chabir das Buch, in dem er alle unterwegs anfallenden Ausgaben festhielt. Darüberhinaus hatte Abdallah den Proviant zu verwalten und die Mahlzeiten zuzubereiten. Als Koch war er perfekt, da steckte er so manche sudanesische Hausfrau in die Tasche. Die beiden Brüder waren sehr religiös, ließen keins der vom Koran vorgeschriebenen fünf täglichen Gebete aus und scheuten sich auch nicht, unser letztes Wasser für ihre Gebetswaschungen zu verbrauchen. Was übrigens von den anderen, die ich nie beten sah, ohne Murren akzeptiert wurde.

Der vierte Mann hieß *Suleiman Achmed*, war ebenfalls 20 Jahre alt und gehörte zum Stamm der Hamar, die eigentlich als Rindernomaden bekannt sind, nichtsdestoweniger als Kameltreiber einen hervorragenden Ruf besitzen.

Suleiman war von allen der kleinste, kaum größer als ich, und mit seinem nachtschwarzen Gesicht und dem filzigen Kraushaar wies er nur noch entfernte Ähnlichkeit mit seinen arabischen Vorfahren auf. Da die Hamid-Brüder wie Pech und Schwefel zusammenhielten, schlug sich Suleiman, um nicht zwischen alle Stühle zu geraten, auf die Seite des Chabir, mit dem er außerdem die Liebe zum Schnaps teilte.

Trotz seiner Jugend war Suleiman ein perfekter Kameltreiber. Den guten Eindruck trübten allerdings eine gehörige Portion Leichtsinn und eine gewisse Nachlässigkeit in kleinen Dingen. Er war es auch, der in Djireban im Gefängnis gesessen hatte.

Die Hauptakteure aber waren die Kamele. Lustige Gesellen gab

Abdallah Hamid,
Bachids jüngerer Bruder

Suleiman Achmed
vom Stamm der Hamar

es unter ihnen und seriöse Herren. Bösartige Rowdies waren darunter, die immer nur Streit suchten, und andere, die gerne schmusten. Die Händler stellen für die Karawanen ausschließlich männliche Tiere zusammen, angeblich sollen Stuten nicht widerstandsfähig genug sein. Eine Argumentation, die ich für Unsinn halte, denn ich habe monatelang die Salzkarawanen der Tuareg begleitet, und dort wurden nur weibliche Tiere eingesetzt. Die Strecken der Salzkarawanen waren kaum kürzer als die hiesigen, mit vielen Ruhepausen zwar, aber hier mußten die Kamele Dreizentner-Lasten auf dem Rücken schleppen. Der wirkliche Grund ist wohl der, daß die erheblich kleiner gewachsenen Stuten weniger Gewinn auf dem Kairoer Viehmarkt abwerfen als ihre männlichen Artgenossen. Und gemischte Karawanen auf die Reise zu schicken, wäre eine Tollheit. Die Hengste würden ausflippen, sich vor Eifersucht gegenseitig zerfleischen und die Stuten zu Tode hetzen. Aber auch schon so wurde die Rauflust der

*Unter den Kamelen gab es ausgeprägte Charaktere, z. B. die
Seriösen (links), und die Spaßmacher (rechts)*

liebeshungrigen Hengste zur alltäglichen Bedrohung für Leib und
Leben der Kamele und der Karawanenleute.

Alter und Größe der Tiere waren sehr unterschiedlich. Neben
ausgewachsenen Kamelen im besten Alter gab es auch halbstarke
Bürschchen, die eher schwächlich aussahen, sich den Strapazen
aber am besten gewachsen zeigten. Sie waren verspielt und
kabbelten sich gern, gingen den „alten Herren" aber geflissentlich
aus dem Wege, denn die waren einen Kopf größer, wahre
Kraftbullen, grobknochig und stiernackig, arrogant, bissig und
immer schlechter Laune.

Allen Kamelen war auf der rechten Halsseite die Eigentums-
marke des Beschir Abu Djeib eingebrannt: die arabische Zahl 18 –
ein senkrechter Strich und ein auf dem Kopf stehendes V.

Auf dem Lagerplatz der Karawane, fünf Kilometer außerhalb von
Djireban, deutete nichts auf den unmittelbar bevorstehenden

Aufbruch hin. Die Kamele lagen faul im Gras oder dösten unter den Birs-Büschen, deren immergrüne tellergroße Blätter ein gemütliches Schattendach abgaben. Abdelfadil, der Agent, hatte den Karawanenleuten zum Abschied eine Ziege spendiert, und die Männer zersäbelten das Fleisch in lange Streifen, die sie mitsamt den Fliegen, die sich sofort darüberhermachten, in einen schmierigen, zerlöcherten Sack stopften.

Während Bachid und Suleiman ein paar Kamele, die sich im hüfthohen Gras verkrochen hatten, zum Lagerplatz zurückprügelten, zahlte Hassan, der aus El Obeid das Geld mitgebracht hatte, dem Chabir die Löhne aus. Mohamed Ali hatte Abdallah neben sich sitzen, weil der Junge fixer im Rechnen war, und Abdelfadil überwachte die Transaktion.

Ich fragte die Karawanenleute nach ihrem Lohn.

„150 Pfund für jeden", antwortete Abdallah, „der Chabir erhält die doppelte Summe."

Die Hälfte des Geldes wird gleich in ägyptischer Währung ausbezahlt, damit die Männer in Ägypten Gebrauchsgüter kaufen können, die dort nicht nur erheblich billiger, sondern auch auf den Märkten des Sudan oft gar nicht erhältlich sind.

Die Karawanenleute sammelten ihre Siebensachen ein, beluden die Kamele mit den Packtaschen, und Abdallah zeigte mir, wie man im Sudan den Sattel auflegt und dem Kamel den Zügel ums Maul bindet. Die lange Zeit des Wartens war endlich vorüber, eine neue aufregende Kamelreise lag vor mir – es sollte der härteste und zermürbendste Ritt meiner bisherigen Kamelreiter-Laufbahn werden. Doch im Augenblick ahnte ich davon nichts, ich war vor Glück und Vorfreude wie berauscht.

Ich saß auf und exerzierte mit meinem Reittier die Kommandos durch – nach rechts gehen, nach links, leichter Trab, wenden, stillstehen, niederknien, aufstehen. Indessen rannten die Männer flink von Kamel zu Kamel und lösten die Kniefesseln.

Abdelfadil und Hassan hoben die Hand zum Gruß.

„Ma'assalama! Allah sei mit euch!"

Langsam, unendlich langsam setzte sich die Karawane in Bewegung.

Dar al-Haskanit – Das Land der Sudanklette

Eng zusammengedrängt trotteten die Kamele vorwärts. Die Herde bildete ein Karree, in dem Ausbruchsversuche einzelner Tiere schon im Ansatz unterbunden wurden. Vorne rechts ritt der Chabir und gab die Marschrichtung an. Wie einen Stander hielt er den langen Holzknüppel am ausgestreckten Arm gegen den Sattel gestützt. Scheinbar gelangweilt überblickte er das Gelände und korrigierte Bachid, wenn dieser, vorne links reitend, die Richtung nicht exakt einhielt und die Herde auszufächern drohte.

Suleiman und Abdallah waren die beiden hinteren Flügelmänner, sie hatten ständig die ganze Karawane im Blickfeld und auf ihnen lastete die Hauptarbeit: die Herde voranzutreiben und die Tiere in die Marschdisziplin zu zwingen. Die beiden waren ständig unterwegs, trabten vor und zurück, um da ein aufmüpfiges Kamel in den Reihen zu halten und dort einem anderen Beine zu machen. Die Luft war erfüllt vom Brüllen der Kamele, den schrillen Schreien und klatschenden Stockhieben der Männer.

Das war etwas ganz anderes als die Karawanen, die ich auf früheren Reisen begleitet hatte, wo die Lastkamele aneinandergebunden wurden und gleichmäßig wie ein Uhrwerk ihre Bahn zogen. Hier dagegen war alles in Bewegung, es herrschte Trubel und Aufregung. Aber es machte mir Spaß, und mit Eifer beteiligte ich mich an der Treiberarbeit.

Doch die anfängliche Begeisterung verpuffte rasch, und Schuld daran trug Humphrey I. Allen meinen Reitkamelen habe ich Namen gegeben, Stuten hießen Gertrud, Hengste nannte ich Humphrey. Da ich während dieser Reise die Reittiere mehrmals wechselte, bekam das erste den Namen „Humphrey I" verpaßt. Es war ein besonders ausgewähltes Tier, denn Beschir hatte Auftrag gegeben, ein umgängliches und friedliches Kamel für mich auszusuchen. Abdelfadil hatte es mir sogar als ein höfliches Tier beschrieben, und das war nicht übertrieben. Humphrey I war nicht nur höflich, er war ausgesprochen lieb und herzig, bloß laufen konnte der Bock nicht. Es mangelte ihm zwar nicht am guten Willen, aber seine Schrittlänge war irgendwie kürzer als die anderer Kamele. Nach zehn, zwölf Schritten hing ich zwei Meter zurück, und in der Folge war ich nur noch damit beschäftigt, Anschluß zu halten. Mein Wunsch, wie ein richtiger „Cowboy" um die Herde herumzuschwärmen, blieb schiere Illusion.

Hinzu kam noch ein zweites Problem – Humphrey I fürchtete sich vor anderen Kamelen. Vielleicht war er einmal von einem stärkeren Hengst gebissen worden, oder er schleppte ein anderes traumatisches Erlebnis mit sich herum, jedenfalls geriet er fast in Panik, wenn ich ihn auf Tuchfühlung mit der Herde bugsierte. Um Humphrey I gerecht zu werden, muß ich zugeben, daß er auch positive Eigenschaften vorzuweisen hatte. Sein Gang war äußerst gleichmäßig und erschütterungsarm, und wenn er stillstehen sollte, dann stand er wie eine Eins, vollkommen bewegungslos, nur der Schwanz wirbelte wild ums Hinterteil. Das Manko seiner schleppend-langsamen Fortbewegung konnte er damit jedoch nicht aufwiegen.

Da ich wußte, daß der Chabir das Kamel ausgesucht hatte, getraute ich mich nicht, an Humphrey I herumzunörgeln. Mohamed Ali wäre wohl beleidigt gewesen, und womöglich hätte er mir aus verletztem Stolz dann einen wahren „Feuerstuhl" unter den

Hintern gegeben, der mich mit aufsässigen Eskapaden in Atem gehalten hätte.

Auch der kordofanische Sattel, ein kombinierter Reit- und Packsattel, hatte seine Tücken. Ein plumpes Gestell aus unbehauenen, mit Lederriemen verschnürten Holzstämmen, das über den Kamelhöcker gestülpt wurde. Das bißchen Platz zwischen dem vorderen Sattelknopf und dem Höcker bildete die Sitzfläche. Je kräftiger der Höcker, um so enger die Sitzgelegenheit. Hinten wurde mir das Steißbein gemartert und vorn das Geschlechtsteil gequetscht. Die Oberschenkel lagen auf den hölzernen Seitenstreben auf, und nach mehrstündigem Ritt nützte auch die Wolldecke gar nichts mehr, da spürte ich jeden Knubbel im Holz. Wenn ich abends absaß, hatte ich nicht nur in den Beinen kein Gefühl mehr, ich wußte nicht einmal mehr, ob ich noch Männlein oder Weiblein war.

Die Savannenlandschaft entschädigte mich für vieles. Sanft geschwungene Hügelkuppen, mit hüfthohem goldgelbem Gras

Der kordofanische Sattel, ein wahres Foltergerät

bewachsen und mit dunkelgrünen Dornbüschen und Akazien gesprenkelt. Die dickbäuchigen Stämme der Affenbrotbäume ragten wie versteinerte Urzeit-Überbleibsel in den Himmel, die kahlen knorrigen Äste wie Krakenarme ineinander verschlungen.

Der urwüchsige Affenbrotbaum, ein Riese im Savannenland

Von kleinen Jungen gehütete Schaf- und Ziegenherden weideten an den Hängen, und ganz selten kreuzte ein einsamer Kamelreiter unseren Weg.

Doch sobald ich vom Kamel stieg, verlor die zauberhafte Landschaft viel von ihrem Reiz. Denn am Boden lauerte die Sudanklette. Die spitzen Stacheln sind außerordentlich schmerzhaft, und bleiben an allem haften, was mit ihnen in Berührung kommt. Sandalen, Hosenbeine, Decken, Ledersäcke – es gibt nichts, in das sich die Sudanklette nicht verbeißt. Zu Abermillionen verstreut, macht sie das Gelände zu einem wahren Minenfeld. In den Sahel-Steppen Westafrikas nennt man sie *Cram-Cram*, in den Savannen des Sudan *Haskanit*, und sie ist wirklich eine Plage.

Unsere Marschrichtung hieß Nordnordost, wobei wir die wenigen Dörfer konsequent umgingen. Ansiedlungen sind stets von Feldern umgeben und Kamele reagieren da ganz menschlich – nichts schmeckt ihnen so süß wie die Früchte aus Nachbars Garten.

Nicht immer ließen sich die Hirse-, Erdnuß- oder Melonenfelder aussparen, und wir mußten die Karawane vorsichtig daran vorbeiführen oder schlimmer noch, auf Trampelpfaden mittendurch.

Das bedeutete Alarmstufe Eins.

Die Herde wurde noch enger zusammengehalten, und die Männer klemmten sich den Zügel zwischen die Zähne, um beide Hände für Holzknüppel und Nilpferdpeitsche freizuhaben. Der Chabir, der sich am Treiben der Tiere normalerweise kaum beteiligte, war an solchen Wegstrecken nichts anderes als ein gewöhnlicher Kameltreiber, und auch von mir wurde in Notsituationen erwartet, daß ich die Kamera wegpackte und die Karawanenleute vollwertig unterstützte.

Jahrelang hatte ich geglaubt, daß die Lieblingsspeise der Kamele die unappetitlichen Dornen der Akazien seien, doch seit diesem

Ritt durch Kordofan weiß ich, daß die Viecher nichts lieber mögen als Melonen. Und Melonenfelder gab es reichlich am Wege.

Sechsundneunzig Kamele, die mit List und Tücke auf die Felder entwischen wollten, und fünf Männer, die das mit Fixigkeit und Gewalt zu verhindern suchten.

Wie ein Bluthund belauerte ich argwöhnisch die Tiere auf der mir zugeteilten Seite. Die geringste Unruhe in der Herde elektrisierte mich, jedes Kopfwenden eines Kamels machte mich mißtrauisch. Doch Kamele sind Schlitzohren. Treuherzig schaut ein Hengst in die falsche Richtung, unschuldig knabbert er am Ohr eines Artgenossen (oder flüstert er ihm nur den Trick zu?) und dann bricht er blitzschnell aus und spurtet zwischen die Melonenbeete.

Mit gellenden Schreien – „Hait! Hait! Irrt! Irrt!" – schlug ich meinem Reittier den Fuß gegen den Hals und die Peitsche in die Hinterbeine, jagte dem Übeltäter nach und prügelte ihn an seinen Platz zurück. Ein Blick über die Schulter verriet mir, daß ein paar andere Tiere mein Davonpreschen genutzt hatten, um sich nun ihrerseits über die Melonen herzumachen. Hektisch riß ich mein Kamel herum, galoppierte übers Feld und zog den Burschen die Peitsche übers Fell, um im nächsten Augenblick festzustellen, daß inzwischen schon wieder vorne der Teufel los war.

„Hait! Hait! Irrt! Irrt!"

Der Schweiß brannte mir in den Augen, und, als wir das vermaledeite Melonenfeld endlich geschafft hatten, konnte ich nur noch röcheln und krächzen. Bachid kam herbeigeritten.

„Macht Spaß, eh?!" fragte er provozierend und warf lachend den Kopf zurück.

„Scheißarbeit!" knurrte ich und hieb wütend auf ein Kamel ein, das eine erbeutete Melone zwischen seinen Kiefern zerkrachte.

„Die Tiere wissen eben auch, was gut schmeckt", sagte Bachid versöhnlich und reichte mir eine Handvoll Erdnüsse.

Daß die Kamele solch einen Appetit auf Melonen hatten, bedeutete keineswegs, daß sie unterwegs Hunger leiden mußten. Zweimal täglich – zählt man die Mittagsrast dazu, sogar dreimal – wurden sie ausgiebig geweidet. Der Chabir suchte die Futterweiden aus, und dann ließen wir die Tiere eine Stunde lang nach Herzenslust an den Büschen, Sträuchern und Bäumen fressen, blieben dabei aber im Sattel sitzen, um die Herde besser überwachen zu können, Raufereien zu unterbinden und die Tiere in der Marschrichtung zu halten.

Kamele sind anspruchsvolle Feinschmecker mit einem launischen Appetit. Büsche, auf die sie sich am Vormittag mit Heißhunger gestürzt hatten, ließen sie am Nachmittag vollkommen desinteressiert stehen und bevorzugten nun Kräuter, über die sie vormittags achtlos hinweggetrampelt waren.

Die überwiegende Zahl der Futterbäume und -sträucher waren mit bis zu zehn Zentimeter langen Dornen bespickt, spitz und hart wie Eisennägel. Doch ein Kamel ficht das nicht an. Unbeeindruckt steckt es den Kopf ins Gestrüpp und streift mit seinen gelben Zähnen die Blätter von den Zweigen. Daß es dabei auch Dornen

Zweimal täglich legten wir eine Weidepause ein

mitschluckt, wird ebenso ignoriert wie die Rißwunden ums Maul und auf der Nase, aus denen das Blut in dicken Tropfen quillt. Immer tiefer zwängt es sich ins Geäst, um an all die schmackhaften Sachen zu gelangen. Der Reiter muß höllisch aufpassen, daß sein Kamel ihn nicht in die Dornenzweige hineinzieht. Suleiman mußten wir einmal mit Äxten aus einem Baum heraushauen, in dessen Dorngeäst er wie in einem Stacheldrahtverhau festsaß. Hemd und Hose waren in Fetzen gerissen, und er blutete aus einem Dutzend Wunden.

Für den Reiter sind die Weidepausen alles andere als ein Vergnügen. Die Sonne prallte mir aufs Haupt, und ich versuchte, mein Reitkamel zu weitausladenden Schattenbäumen zu dirigieren, was sich jedoch in den wenigsten Fällen mit dem gerade vorherrschenden Geschmack des Tieres vereinbaren ließ. Mit schmeichelnden Worten versuchte ich Humphrey I zu locken.

„Schau mal da drüben, die große Hedjid-Akazie, mhm, sieht die nicht lecker aus?!"

Humphrey I war da ganz anderer Meinung und sträubte sich. Aber wenn ich nach einem halben Tag in glühender Sonne eine Aussicht auf Schatten sah, kannte ich kein Pardon.

Humphrey I stand vor der Akazie wie der Ochs vorm Tor. Angewidert schnupperte er an den Zweigen, und, als ich ihn barsch zum Fressen aufforderte, drehte er den Hals nach hinten, sah mich ungläubig staunend an und schüttelte resigniert den Kopf, als wollte er sagen: „Keine Ahnung haben, aber auf 'nem Kamel reiten!"

Die abwechslungsreiche tägliche Fütterung hielt die Kamele aber nicht davon ab, während des Marsches von jedem Baum und Strauch zu naschen und ein zügiges Vorankommen zu behindern. Da halfen nur Prügel, und die Männer droschen mit den groben Knüppeln auf die Tiere ein, daß ich meinte, die Knochen müßten splittern.

Armdolch und Nilpferdpeitsche

Übel dran waren die Reittiere. Nicht allein, daß sie längere Wege gehen und die auch noch zum großen Teil im Trab laufen mußten, ihnen wurde obendrein die gesamte Ausrüstung und der Proviant aufgebürdet. Alle Reitkamele waren handverlesene, kraftvolle Exemplare, die der ungeheuren Strapazen wegen dennoch mehrfach ausgewechselt werden mußten.

Das war schon allerlei, was den Reitkamelen aufgebuckelt wurde. Die schweren Wasserschläuche, Schöpfbeutel, Äxte, die gebündelten Fesselhölzer, Satteltaschen für persönliche Habseligkeiten und merkwürdig steinharte Leder-„Bleche", deren Zweck ich erst später erfahren sollte.

Mit besonderer Sorgfalt packte Abdallah den großen, ledernen Proviantsack. Vorsichtig verstaute er das in einem zweiten, einem Plastiksack, verwahrte Hirsemehl. Drumherum mußte er die übrige Küchenausrüstung – Kochtopf, Eßschüssel, Wasserschüssel, Ölkanister, Teekanne, Trinkgläser und die in Tüchlein gewikkelten Gewürze – so geschickt plazieren, daß all diese lebensnotwendigen Dinge keine irreparablen Beschädigungen davontrugen und das Kamel keine Scheuerstellen im Fell erlitt.

Zum persönlichen Gepäck der Karawanenleute zählten ein zweiter Satz Kleidung, das heißt Pluderhose und dreiviertellanges Hemd, ein abgewetzter Mantel für kalte Wüstennächte, Satteldecke, Segeltuchplane, Täschchen mit Näh- und Werkzeug und die Geldbörse.

Bekleidet waren die Männer mit der erwähnten Hose und dem Hemd, ursprünglich mal von weißer Farbe, im Laufe der Jahre aber zu einem schmutzigen Grau verwaschen. An den Füßen

Ohne Armdolch fühlt sich ein kordofanischer Nomade nackt

trugen sie billige, viel zu große Plastik-Slipper oder unförmige, aus Autoreifen geschnittene Halbschuhe, und unter dem Turban bedeckte eine Wollmütze den Kopf. Abdallah und Suleiman besaßen noch nicht einmal ein Turbantuch und begnügten sich mit einer Schweißkappe.

Alle waren mit Armdolchen bewaffnet. Die buntgefärbte Lederscheide wurde am Oberarm befestigt, und außer dem Dolch enthielt sie ein kleines Steckfach für die Pinzette, mit der sich die Männer die Stacheln der Sudanklette auszupften.

Über die Handgelenke hatten sie die Schlaufen des Holzknüppels und der Peitsche gezogen. Die Peitsche (Assod) ist aus der Lederhaut des Nilpferds gearbeitet, Griff und Schweif bilden ein Ganzes, und ohne sie kann man sich einen sudanesischen Karawanenmann gar nicht vorstellen. Früher war diese Peitsche ein gefragter Exportartikel nach Ägypten und in die Türkei, wo die Bastonnade, die öffentliche Auspeitschung von Verbrechern, ein beliebtes Freizeit-Vergnügen der ehrsamen Bürger war. Heute gehen sie ins Kino und ergötzen sich an Italo-Western. Tausende von Sklaven sind einst auf ihrem Marsch durch die Sahara mit der Nilpferdpeitsche zu Tode geprügelt worden. Kamele haben ein dickeres Fell, und wenn die Assod nicht ständig gepflegt und gefettet wird, bilden sich schnell Bruchstellen.

Eine Unmenge von Wadis durchzog die Savanne, die quer zu unserer Marschrichtung verliefen. Wadis sind Flußläufe, die nur periodisch Wasser führen. Manche fließen jedes Jahr nach der Regenzeit für ein paar Tage oder Wochen, andere liegen jahrzehntelang trocken, um sich dann nach einem Unwetter für einige Stunden in einen reißenden Strom zu verwandeln.

Die Flußbetten, die wir kreuzten, waren selten breiter als zwei oder drei Meter, aber tückische Hindernisse durch ihre scharf ausgewaschenen Ränder. Nur widerwillig gingen die Kamele an die Grabenkante heran.

„Komm schon, Humphrey, sei ein braves Kamel und spring!"

Humphrey I tat so, als hätte er mich nicht gehört.

„Na los, wird's bald!" rief ich ungehalten.

Das Kamel drehte den Hals nach hinten und sah mich vorwurfsvoll an. Es war nicht schwer, die Gedanken hinter seiner wuscheligen Stirn zu erraten: Du meinst doch wohl nicht im Ernst, daß ich *da* runterspringen soll!

Ich hatte nicht die Absicht, mich mit Humphrey I auf lange Diskussionen einzulassen. Ein kurzer kräftiger Hieb mit der Peitsche, und Humphrey I war überredet. Mit einem mächtigen Satz plumpste er in den weichen Sand des Wadis und machte sich gleich noch mal lang und schoß die gegenüberliegende Uferböschung hoch. Ich wurde durcheinandergeschüttelt und landete unsanft auf den Holzstreben des Sattels. Mir blieb fast die Luft weg.

Humphrey I war stehengeblieben, drehte schon wieder den Hals nach hinten und erwartete ein anerkennendes Wort für seine mutigen Sprünge.

„Prima!" keuchte ich nach Atem ringend. „Das hast du ganz famos gemacht!" Und ich suchte ängstlich das vor uns liegende Gelände nach dem nächsten Wadi ab.

Als noch beschwerlicher erwies sich der Galeriewald, der die Wadis säumte, ein manchmal mehrere hundert Meter tiefes dschungelartiges Gehölz. Es war eine teuflische Arbeit, die Karawane hindurchzutreiben. Immer wieder mußten die Reiter Umwege machen und gangbare Passagen im dornigen Gestrüpp suchen. Den zahlreichen, grellbunt gefiederten Vögeln konnten wir so wenig Beachtung schenken wie den Kamelen unserer Herde. Wir waren vollauf mit uns selbst beschäftigt, nur darauf bedacht, uns nicht in den Akazienästen zu verfangen, und mußten hilflos mitansehen, wie die Kamele die Gunst der Stunde nutzten und in alle Richtungen davonliefen. Die Biester scherten sich nicht

Es war nicht einfach, die Kamele durch die dichten Akaziengehölze zu treiben

im geringsten um die Dornen und brachen selbst durch dichtestes Dschungelwerk.

Klar, daß nach solchen Waldstrecken die Kamele sofort gezählt werden mußten, und es dauerte dann schon mal zwei Stunden und mehr, bis wir den letzten Deserteur eingefangen hatten.

Im undurchdringlichen Labyrinth stießen wir auch auf Nomadenhütten, sogar häufiger als uns lieb war. Die Hütten waren kaum zu erkennen, Seitenwände und Dach bestanden aus dicht zusammengesteckten Holzstämmen ohne jede Abdeckung, weder Flechtmatten noch Ziegenhaar, und paßten sich der Umgebung so vortrefflich an, daß wir manches Mal geradewegs in die Behausung hineingeritten sind.

Aufgeregte Hühner und Ziegen, ein angebundener Esel oder ein keifendes Hutzelweib waren die einzigen Hinweise, daß diese primitiven Hütten bewohnt waren. Viele standen allerdings leer. Die Nomaden der Waldsavanne brechen beim Lagerwechsel die Zelte nicht ab, sondern lassen sie bis zum nächsten Jahr stehen und verrammeln nur die Eingänge mit Buschwerk, damit sich keine Schakale oder Hyänen häuslich darin niederlassen.

Beit arab, arabische Häuser, nannten meine Begleiter die Nomadenhütten.

Arabische Gastfreundschaft

Wenn die Sonne ihren höchsten Stand erreicht hatte, legten wir eine anderthalbstündige Mittagsrast ein. Während Abdallah den Hirsebrei anrührte und der Chabir einen tiefen Schluck aus dem Schnapskanister nahm, blieben Bachid und Suleiman bei der sich sofort in alle Himmelsrichtungen verstreuenden Herde.

„Bachid! Sliman! Essen ist fertig!"

Das Geschrei alarmierte in der Regel nicht allein die Gefährten, sondern auch fremde Hirten, die von allen Seiten über die Hügel

Die Lagerplätze wurden nach den Bedürfnissen der Kamele ausgewählt

marschiert kamen und nach sudanesischer Sitte auch beköstigt werden mußten. Unterwegs haben wir oft den ganzen Tag lang keinen Menschen gesehen, aber wenn bei uns der Hirsebrei auf dem Feuer brodelte, fanden sich immer ungebetene Gäste ein.

Wie manche Leute die schöne Sitte der Gastfreundschaft ausnutzten, grenzte schon an Schamlosigkeit. Obwohl ich ja selbst von dieser Gastlichkeit profitierte, verschlug mir die Unverfrorenheit mancher Nassauer fast die Sprache, und ich konnte es mir nicht verkneifen, sie betont unfreundlich zu behandeln und meine Abneigung spüren zu lassen. Meine Leute ließen sich dagegen nichts anmerken. Sie waren es so gewohnt und dachten sicherlich im stillen: na wenn schon, heute bin ich zwar der Dumme, aber morgen halte ich mich bei einem anderen schadlos.

Ich erinnere mich an ein Nachtlager in der Nähe von Suq al-Djimal. Abdallah war gerade mit dem Kochen fertig geworden, als ein Mann aus dem nahen Dorf angestapft kam. Es war bereits stockfinster, und er bemerkte die volle Eßschüssel nicht, die wir zur Abkühlung in den Sand gestellt hatten. Den abendlichen Tee hatten wir auch schon genossen und ließen das Feuer nur noch ausglimmen, um uns zu wärmen. Der Mann mußte glauben, wir hätten bereits gegessen, und so ging er an uns vorüber, einen halblauten, unfreundlichen Gruß murmelnd. Die Dunkelheit hatte ihn fast schon wieder verschluckt, da hielt er plötzlich inne, steckte die Nase schnuppernd in den Wind und machte kehrt. Die Abendbrise hatte ihm den Duft des dampfenden Hirsebreis zugetragen.

Ein anderes Mal gesellte sich ein junger Mann mit einem Ziegenbock zu uns. Wir sattelten gerade ab, wir hatten alle Hände voll zu tun, doch das kümmerte ihn nicht. Der Fremde rührte keinen Finger, wärmte sich am Feuer und wurde auch noch frech, weil wir beim Einsammeln der Kamele keine Rücksicht auf den angebundenen Ziegenbock nehmen konnten.

„Paßt doch auf! Karawanenpack!"

Da geriet er bei Suleiman an den Richtigen. Er zog den Dolch, schnitt den Ziegenbock los und verpaßte ihm einen Fußtritt, daß das arme Tier einknickte und dann davonhinkte.

„So", lachte Suleiman höhnisch. „Der Bock steht keinem mehr im Wege!"

Noch dreister benahm sich der Chef einer Nomadensippe, auf die wir im Raum Umm Bel gestoßen waren. Im letzten Dämmerlicht versperrte uns ein Wäldchen den Weg, und wir lagerten unmittelbar davor auf einer sandigen Ebene. Im Wäldchen hatten sich Nomaden niedergelassen, wir sahen Feuerschein durch die Bäume flackern, hörten Kinder- und Frauenstimmen, das Gemekker von Ziegen und das Blöken von Rindern. Das Fesseln der Kamele war eine zeitaufwendige Arbeit (eine Stunde ging immer dafür drauf) und wir hätten eine Hilfe gut gebrauchen können, um so mehr als es schon dunkelte. Doch erst als die Arbeit getan war und wir uns am Feuer versammelten und aufs wohlverdiente Essen freuten, erst da tauchte das Oberhaupt der benachbarten Nomadenfamilie auf. Er begrüßte uns kurz und sprach dann kein Wort mehr, süffelte schweigend den Tee, langte kräftig in die Hirseschüssel und wusch sich auch noch die Füße, bevor er wortlos wieder im Dickicht verschwand. Meinetwegen sei ihm alles gegönnt, auch wenn in diesem Falle ja eigentlich wir die Gäste gewesen waren. Aber hätte der Kerl nicht eine Schüssel frische Milch mitbringen können!

Wie überall auf der Welt, waren es auch hier die Ärmsten, die sich für eine Freundlichkeit erkenntlich zeigten. Von einem zerlumpten Gummisammler bekamen wir klebrige Klumpen Harz überreicht. Mehr hatte er nicht anzubieten. Die Männer stopften sich das Harz in den Mund und kauten und lutschten lustvoll darauf herum. Es schmeckte wie Lebertran. Vom Morgengrauen bis in die Nacht war dieser Gummisammler unterwegs. Zu Fuß, denn einen Esel konnte sich der Mann nicht leisten. Er sammelte das Harz der Siyal-Akazie, besser bekannt als Gummi Arabicum.

Unsere Mahlzeiten zeichneten sich durch eine außerordentliche Eintönigkeit aus. Das Fleisch der Ziege, die wir in Djireban geschlachtet hatten, reichte für einen Tag, und dann gab es nur noch Hirsebrei, Hirsebrei, Hirsebrei – morgens, mittags, abends. Die Ernährungswissenschaftler behaupten zwar, Hirse sei das nahrhafteste und vitaminreichste Getreide, aber vier Wochen lang nur von Hirsebrei zu leben, das dürfte selbst dem überzeugtesten Bio-Kostler das Wasser in die Augen treiben.

Hirsebrei ist die Grundnahrung der Sudanesen. *Asida* heißt er auf Arabisch; er besteht immer aus dem Brei (Kisra) und einer Sauce (Mulla). Der bittere Brei sorgt für die Sättigung, die Sauce für den Geschmack. Was die Zubereitung der Mulla betrifft, so hat jeder sein eigenes Rezept. Die meisten Saucen schmecken noch abscheulicher als der Brei und kleben wie Kleister an den Fingern.

Abdallahs Kochkunst machte da eine rühmenswerte Ausnahme. Seine Sauce war nicht nur die schmackhafteste, die ich im ganzen Sudan gegessen habe – Abdallahs Mulla war eine wirkliche Delikatesse. Er rührte sie aus Wasser, Öl, Salz, Zwiebeln, Chili, getrockneten Tomaten und fein zermahlener Hirse zusammen.

Im Kreis hockten wir um die Eßschüssel und langten mit der rechten Hand zu. Immer nur mit der rechten, denn die linke ist tabu, da sie der Orientale als Ersatz für Toilettenpapier benutzt. Der Brei war so heiß, daß ich mir fast die Finger verbrannte. Nachdem ich mehrmals darüber gemeckert hatte, die Kameltreiber das aber lediglich als Spaß auffaßten, wurde es mir zu bunt, und ich kramte aus meinem Gepäck einen Löffel hervor.

Meine Gefährten saßen starr vor Staunen.

Obwohl so ein metallener Löffel sicher nicht unhygienischer ist als eine mit kaltem Wasser benetzte schmutzige Hand, verboten sie mir die Benutzung. Aber von nun an ließen sie den Hirsebrei

Küchenchef Abdallah bei der Arbeit

abkühlen, bevor wir uns zum gemeinsamen Mahl hinkauerten.

Der Durst wurde mit Wasser gelöscht, das wir in *Gerbas*, das sind Ziegenbälge, mitführten. Die Innenseite der Gerba ist verpicht und mit Butter ausgeschmiert. Das Wasser sah aus, als hätte eine ganze Kompanie ihre Socken darin ausgewaschen, und der Geschmack war entsprechend.

Einen großen Vorteil hat die Gerba jedoch – das Wasser ist immer kühl, auch wenn sie stundenlang der prallen Sonne ausgesetzt wird. Durch die Poren der Tierhaut dringt Wasser nach außen, das verdunstet und auf diese Weise den Gerba-Inhalt kühlt.

Zu jeder Mahlzeit gehörte auch ein Kännchen stark gesüßter Tee. Allerdings ging uns schon nach einer Woche der Zuckervorrat aus, und so knabberten wir trockene Datteln zum Tee, bis wir auch keine Datteln mehr hatten.

In einer besonderen Gerba bewahrte Abdallah saure Milch (Hamra) auf, die in kleinen Mengen, sozusagen schluckweise, ausgeteilt wurde, bis auch diese Gerba leer und schlaff am Sattelknopf baumelte.

Nach dem hastig hinuntergewürgten Mittagsmahl mußten die Kamele wieder eingesammelt und gezählt werden. Der Zählappell war einer der spannendsten Momente eines jeden Tages. Der Chabir, Bachid und Abdallah stellten sich vor dem versammelten Kamelpulk auf und Suleiman trieb die Tiere an ihnen vorbei, immer grüppchenweise, um das Zählen zu erleichtern. Das hört sich ganz einfach an, aber ich muß gestehen, daß ich mehrmals mitgezählt habe und in dem Gewusel von Beinen und Köpfen jedesmal ein falsches Ergebnis errechnete. Kam auch nur einer der Zähler nicht auf die Sollmenge, wurde der Vorgang wiederholt.

Abdallah: „Stimmt. Alle Kamele da!"

Bachid: „Nee, ich hab eins zu wenig gezählt!"

Abdallah: „Chabir, was ist mit dir?"

Chabir (verlegen): „Ich hab mich beim Zählen verheddert."

Bachid: „Eh, Sliman! Schick die verdammten Biester noch mal durch die Gasse!"

Der Tee gehört zu jeder Mahlzeit

Stimmten alle drei darin überein, daß ein Kamel fehlte, dann machte sich einer der Männer auf die Suche. Meist war das Suleiman, der einen sechsten Sinn für die hinterlistigen Gedankengänge eines Kamels besaß.

Nächte des Schreckens

Mit dem Sonnenuntergang hatten wir zugleich den Platz für das Nachtlager erreicht. Nach durchweg zehn bis zwölf Stunden im Sattel waren alle hundemüde, doch der allerletzte Teil des Tages war der geschäftigste, und die Männer bewegten sich nur im Laufschritt, um die anstehenden Arbeiten noch vor Einbruch der Nacht zu erledigen.

Wir sattelten die Reittiere ab, und dann schwärmten wir aus, um die Kamele zu fesseln. Eine Arbeit, die unerschrockenes Zupacken erfordert. Die kordofanische Kamelfessel, das ist ein Holzklöppel, an dem ein kurzer Strick befestigt ist, der in eine Schlaufe ausläuft.

Der Mann schleicht sich an das Kamel heran, packt mit den Fäusten das linke Vorderbein des verdutzten Tieres und zerrt, schiebt und drückt so lange daran herum, bis Unter- und Oberschenkel einen spitzen Winkel bilden. Das Kamel zetert und versucht davonzuhüpfen, aber ein ausgefuchster Treiber läßt sich nicht abschütteln und klebt am Bein wie eine Klette. Über das angewinkelte Knie wickelt er den Fesselriemen und verschließt ihn, indem er den Klöppel durch die Schlaufe drückt.

Mit einem Bündel Fesselhölzer über der Schulter wetzen die Männer von Kamel zu Kamel. Die ersten fünfzig, sechzig Tiere sind schnell versorgt, dann wird es schwieriger, die noch ungefesselten Kamele, die sich zum Teil schon hingelegt haben, auszumachen. Längst ist es dunkel geworden, und nur die schummrigen Silhouetten verraten den Männern, wo die Tiere herumstehen und der Prozedur abwartend und mißtrauisch entgegensehen. Unterdessen umkreist der Chabir die Herde und paßt auf, daß sich kein Kamel in die Büsche verdrückt.

Auf diese Weise gefesselt, können sich die Tiere zwar noch hüpfend und springend fortbewegen, aber es ist gewährleistet, daß sie sich in der Nacht nicht allzuweit vom Lager entfernen. Keine der Fesseln darf abends übrigbleiben – eine sichere Kontrolle, ob man ein Kamel verloren hat.

Romantische Lagerfeuer, in deren Feuerschein phantasievolle Märchen und Geschichten erzählt werden, kennen die Karawanenleute nicht. Gleich nach dem Essen wurde das Feuer gelöscht, und die Männer legten sich schlafen. Bachid und Abdallah, das fromme Brüderpaar, wuschen sich noch Gesicht, Arme und Füße, um für das Nachtgebet gerüstet zu sein. Nachdem sie zehn Minuten lang das Gebet heruntergeleiert hatten, machten auch sie sich auf den Zeltplanen lang, die wir zum Schutz vor den stachligen Sudankletten über die von Gras, Baumzweigen und Steinen gesäuberte Lagerstelle ausgebreitet hatten.

Doch von stiller, friedvoller Nachtruhe konnte keine Rede sein. Jetzt wurden die Kamele munter. Und wie! All die Rivalitäten, die sich in einer Herde von Hengsten aufstauen, entladen sich während der Nacht. Tagsüber auf dem Marsch sind die Tiere beschäftigt und stehen unter der Fuchtel der Treiber. So tragen sie in der Nacht, wenn sie unbeaufsichtigt sind, ihre Kämpfe aus, heimtückisch und erbarmungslos. So wenig Kamele Menschen beißen, so grausam richten sie ihre Artgenossen zu. Bevorzugte Angriffsflächen sind jene Körperpartien, die sie mit ihren gewaltigen Gebißreihen auch richtig packen können – Hals, Höcker, Hoden und Beine. Und haben sich zwei Hengste ineinander verbissen, sind sie nur schwer auseinanderzubringen. Die Männer, die mit Knüppeln dazwischenhauen, riskieren dabei Kopf und Kragen, und die Geschichten über Leute, die beim Versuch, die Kämpfenden zu trennen, totgetrampelt wurden, sind Legion.

Von derlei Ängsten schienen meine Karawanentreiber aber nicht geplagt. Die Kamele wurden in einem ganz engen Kreis um das Nachtlager zusammengetrieben, und mittendrin legten wir fünf Menschlein uns schlafen, in einer Reihe, und ich linksaußen.

Zunächst fand ich es ganz putzig, daß ich nur den Arm auszustrecken brauchte, um ein dort kauerndes Kamel am flauschigen Nackenhaar zu kraulen oder ein anderes mit den Füßen am Bauch zu kitzeln. Und wenn der „Herr Nachbar" seinen langen Hals herüberbog und das große, schiefe Maul respektlos an meinem Schlafsack abwischte, dann fühlte ich mich eher angerührt als belästigt.

Schmunzelnd lauschte ich seinen so ungehemmten ordinären Wiederkäu-Geräuschen. Wenn ein Kamel das halbverdaute Grünzeug nach oben würgt, um es noch einmal hingebungsvoll durchzukauen, dann hört sich das an wie abrauschendes Wasser in einer Badewanne.

Von den Kamelen wehte der säuerliche Gestank der aufgestossenen Magensäfte herüber und vermischte sich mit dem Geruch von verbranntem Holz, Leder und Fußschweiß zu dem typischen Duft, wie er über allen Karawanen-Lagerplätzen liegt.

Das aufflackernde Kampfgebrüll hie und da inmitten der Herde beachtete ich gar nicht. Das sollte sich aber schnell ändern, denn die Kamele, die von ihren Plätzen verbissen worden waren, suchten sich woanders zwischen die ruhenden Tiere zu drängeln. Das ergab neuen Streit, und eh ich mich versah, steckte ich mittendrin im Getümmel.

Mein so zutraulicher Nachbar wuchtete urplötzlich seinen Körper hoch, um sich gegen einen Widersacher zu verteidigen, drehte den massigen Leib und trat mit den Hinterbeinen dorthin, wo sich mein Oberkörper befand, und hätte ich mich nicht in panischem Schrecken über den bereits schlafenden Chabir geworfen, meine Reise wäre hier schon vorzeitig beendet gewesen.

Ich ergriff meinen Stock und schlug damit dem Tier gegen die Beine. Erschrocken machte es mit seinem gefesselten Vorderfuß einen Satz nach vorn und scheuchte das zu meinen Füßen liegende Kamel auf, das jetzt Anstalten machte, blindlings über die Menschenleiber hinwegzustürzen.

„Irrt! Irrt!" Suleiman war aufgesprungen und schleuderte dem Kamel den Knüppel an den Kopf. Auch die übrigen Männer hatten sich aufgerichtet, hielten die Peitschen bereit und schrien aus Leibeskräften, um die Kamele abzuwehren. Nur der Chabir lag zusammengerollt wie ein Igel da, die Decke über den Kopf gezogen und schnarchte. Der Dattelschnaps schien ein unübertreffliches Schlafmittel zu sein.

Mir zitterten die Knie. Das war ja ein lebensgefährliches Schlafplätzchen! Mit dem Stock in der rechten und der Peitsche in der linken Hand legte ich mich wieder hin, aber die geringste Unruhe unter den Tieren ließ mich hochschrecken. Geschlafen habe ich in dieser Nacht keine Minute, und wohl ein Dutzend Mal noch mußte ich mir mit Schreien und Schlägen die Kamele vom Leibe halten. Suleiman, der am anderen Ende lag, erging es nicht besser.

Jede Nacht wies mir der Chabir den gefährlichen Außenplatz zu, während er sich selbst, durch meinen Körper geschützt, mit dem Schnapskanister unter der Wolldecke verkroch. Ein paarmal sah man noch an der sich wölbenden Decke, daß er einen kräftigen Schluck nahm, dann schob er sich den Kanister als Kopfkissen unter den Turban, und Augenblicke später schlief er auch schon den Schlaf des Selbstgerechten.

Die Absicht war klar. Der Chabir bürdete mir die Nachtwache auf, denn die Außenliegenden waren wegen der Gefahr, von den

Kamelen zertrampelt zu werden, dazu verdammt, die ganze Nacht wach zu bleiben. Am anderen Ende wechselten die drei Kameltreiber sich jede Nacht auf dem Außenposten ab, und einige Male zeigte Suleiman Erbarmen mit mir und belegte freiwillig meinen gefährlichen Schlafplatz. Das waren die einzigen wenigen Nächte, in denen ich durchgeschlafen habe. Ansonsten bin ich immer erst in den frühen Morgenstunden, kurz bevor wir sowieso aufgestanden sind, vor Erschöpfung eingeduselt.

An jedem Morgen wunderte ich mich, daß ich noch lebte. Ich fühlte mich entsetzlich müde und zerschlagen, aber gleichzeitig wie neugeboren.

Ich war stocksauer über diese Unverschämtheit des Chabir, der bedenkenlos meine Gesundheit und mein Leben aufs Spiel setzte. Ein schwerverletzter qualifizierter Kameltreiber wäre allerdings ein größerer Verlust als der ihm aufgezwungene Nasrani.

Ich ärgerte mich aber auch über mich selbst, über die großen Töne, die ich in Djireban gespuckt hatte. Damals wollte Abdelfadil den Chabir dazu vergattern, allen meinen Wünschen nachzukommen, bis hin zu tagelangen Ruhepausen. Mohamed Alis Gesicht hatte sich bei diesen Anweisungen verfinstert, und auch ich fühlte mich peinlich berührt, denn ich wollte auf gar keinen Fall der Karawane in irgendeiner Weise zur Last fallen. Mit pathetischen Worten versicherte ich, daß einzig der Chabir für die Karawane verantwortlich sei und ich mich allen seinen Befehlen bedingungslos fügen werde.

Das hatte damals großen Eindruck gemacht. Abdelfadil klopfte mir auf die Schulter, Hassan strahlte vor Stolz über seinen Schützling und Mohamed Alis Miene hellte sich auch wieder auf.

Auf allen Kamelreisen habe ich nach dieser Maxime gehandelt, auch wenn sie mir immer wieder Unbequemlichkeiten einbrachte. Die Anpassung an das Karawanen-Reglement ist einer der wichtigsten Grundsätze, die ein Reisender, der sich einer Karawane anvertraut, zu beachten hat. Daher wäre es mir auch nie in den Sinn gekommen, mich bei dem Chabir zu beschweren oder gar eine andere Regelung der Nachtlager zu verlangen. Aber in jenen fürchterlichen Nächten im Sudan habe ich diesen Vorsatz oft verflucht.

Wenn ich an meine verschiedenen Karawanenreisen zurückdenke, dann würde ich mit Freuden alle wiederholen. Nur nicht diesen Ritt von Kordofan zum Nil! Ich habe viel Schönes und Einmaliges erlebt, aber die Nachtlager inmitten der kämpfenden Kamelhengste, wo ich Nacht für Nacht Todesängste ausstand, die möchte ich nie wieder durchmachen.

Das verlorene Kamel

Wann immer wir uns einem größeren Dorf näherten, erfaßte Mohamed Ali eine kribbelige Unruhe. Er rief Bachid zu sich, erklärte ihm den Geländepunkt, wo er wieder zur Karawane stoßen würde, und ritt in flottem Trab dem fernen Dorf zu. Er gab zwar immer an, sich nach Zucker umsehen zu wollen, aber jeder wußte was los war, und die Männer grinsten hinter seinem Rücken. Natürlich war es dem Führer gar nicht um den Zucker zu tun (er hat auch nie welchen auftreiben können), vielmehr bedurfte sein Schnapsvorrat einer Nachfüllung. Es dauerte den halben Tag, einige Male blieb er auch die folgende Nacht weg, bis er die Karawane wieder einholte, und immer hatte er mächtig „getankt". Er nervte uns dann mit einer albernen Lustigkeit, die ihm nüchtern völlig abging.

Solange wir uns im Einzugsbereich dörflicher Siedlungen befanden, war der Chabir mehr ab- als anwesend, und Bachid übernahm die Spitze der Karawane.

Bachid war ein ganz anderer Typ als der Alte, der meistens zusammengesunken auf dem Kamel hockte, schweigsam und nicht ansprechbar. Bachid dagegen war ein fröhlicher Naturbursche, der auf jedes derbe Scherzwort eine Antwort fand und gern aus vollem Halse lachte.

Sogar die Kommandos, mit denen er die Kamele anfeuerte, hoben sich von denen der anderen Männer durch eine lockere Verspieltheit heraus, indem er sie in mancherlei Kombinationen variierte.

„Ho-Hait-Ha!", „Ha-Hait-Hutt!" oder „Hatt-Ho-Hait!"

Oft auch baute er einen kurzen Pfiff in das Kommando ein: „Ho-Pfiff-Hait!" oder „Ha-Ho-Pfiff!"

Die Kamele schienen für Musik empfänglich zu sein, denn bei Bachid parierten sie am besten.

Ganz anders artikulierte sich Suleiman. Die Natur hatte ihm ein lautstarkes und schnarrendes Stimmesorgan mitgegeben, und auf dem spielte er nur in zwei Variationen – ein gellendes „Hatt!" und ein kehliges „Irrt!"

Beide Laute quälten das Ohr und, wenn anzunehmen ist, daß die Kamele keinem ihrer Treiber irgendwelche Sympathien entgegenbrachten, so bin ich sicher, daß sie Suleiman gehaßt haben.

Abdallah wiederum hielt sich im Schreien sehr zurück, dafür prügelte er, daß die Fetzen flogen. Das hört sich grausam an, aber ich gewann den Eindruck, daß die Kamele eine Tracht Prügel gar nicht übelnahmen. Was sie aber in Furcht versetzte, das war das Geklapper der am Sattel hängenden, gebündelten Fesselhölzer.

Der Chabir mischte sich nur selten in den Chor der Treiber ein, höchstens wenn der Alkohol ihn lustig gemacht hatte, und das äußerte sich dann in einem melodischen „Ho-o-o-o!" „Ho-o-o-o!"

Da erwies sich die Kommunikation zwischen den Karawanenleuten und mir als weitaus schwieriger. Meine Arabisch-Kenntnisse waren dürftig, und die Männer gewöhnten sich mir gegenüber dieselbe Primitiv-Sprache an, in der ich mich auszudrücken imstande war.

Wir schlürften unseren Tee, und Bachid sprach mich an.

„Chalaus!" Die Sudanesen hatten Probleme, meinen Namen korrekt auszusprechen, und so klang ihr „Klaus" immer wie das ihnen vertraute arabische Wort „chalas", was soviel wie „fertig" oder „okay" bedeutet.

„Chalaus, inta sitt fi?" – „Bist du verheiratet?"

„La, sitt ma fi!" – „Nein, ich habe keine Frau!"

Eine Weile herrschte Schweigen. Daß ich ledig war, beschäftigte ihn.

Dann nahm er das Gespräch wieder auf und rief mir ein Wort zu, das ich nicht verstand, bei dem die übrigen Männer aber ruckartig die Köpfe hoben und vor Lachen wieherten. Bachid wiederholte die Frage, ich verstand immer noch nicht, und jetzt versuchte er es in der Zeichensprache.

„Chalaus, schuf!" – „Schau her!"

Er stellte das Teeglas vor sich in den Sand und machte mit den Händen eine Geste, die so deutlich war, daß sogar ich begriff, was er meinte.

Bachid hob die Hände und bog die zueinandergekehrten Handflächen bedauernd nach außen.

„Ma fi-sch?" – „Dann hast du wohl niemanden für die Liebe?"

Ich lachte. „O doch, man muß ja nicht unbedingt verheiratet sein."

Die Männer nickten, und Bachid klatschte zustimmend in die Hände.

„Aiwa!" (ganz langgezogen: aaiwaa!) – „Ja, na klar!"

Karawanenleute sind praktisch denkende Menschen.

„Almanya scharmuta qam qurusch?" – „Was kostet ein Liebesmädchen in Deutschland?"

Ich schüttelte abwägend den Kopf. „Chamsin qineh." – „Fünfzig Pfund."

Bachid streckte erschrocken alle zehn Finger von sich.

„Wallahi! Felus ketira!" – „Bei Allah! Das ist ja ein Vermögen!"

Bei unseren Gesprächen erzählte ich den Gefährten auch etwas über meine Heimat. Zugegeben, nicht immer das Feinste, aber ich habe mich stets darauf beschränkt, ihre Fragen zu beantworten, anstatt ihnen von Dingen zu berichten, die sie doch nur gelangweilt hätten. So fragten sie mich zum Beispiel wohl ein Dutzend Mal, ob es in Deutschland wirklich keine Kamele gäbe. Für einen Karawanenmann eine schier unglaubliche Vorstellung.

Daß Bachid sich so aufdringlich für mein Privatleben interessierte, verstand er auch gar nicht als ungebührliche Entgleisung. Das Thema Nummer Eins ist bei arabischen Kameltreibern kein anderes als irgendwo sonst auf der Welt. Abgesehen von den täglichen Arbeitsbesprechungen gab es für meine Begleiter nur zwei Themen, die sie unermüdlich durchhechelten: das billige und unerschöpfliche Warenangebot auf den ägyptischen Märkten und der Liebreiz der ägyptischen Mädchen. Für den einfachen Sudanesen ist Masr (Ägypten) das Gelobte Land, wo Milch und Honig fließen.

Am Abend des dritten Marschtages hatten wir ein Kamel verloren. Gewissenhaft überprüften wir im Finstern alle Tiere, aber es half nichts, eine Fessel blieb übrig. Keine Karawane erreicht Ägypten ohne Verluste, aber so früh schon ein Kamel abbuchen zu müssen, das wäre ein schlechtes Omen. Dem Chabir schlug die Geschichte auf den Magen, keinen Bissen bekam er herunter.

Doch so schnell gab Mohamed Ali nicht auf. Am Morgen bestiegen er und Suleiman ihre Kamele und machten sich auf die Suche. Wie sie in der unübersichtlichen Waldsavanne den Ausreißer finden wollten, war mir schleierhaft. Die beiden Hamid-

Die Suche nach dem verlorenen Kamel verschaffte dem Lager einen geruhsamen Tag

Brüder, die mit mir im Lager zurückblieben, bereiteten sich jedenfalls auf einen ruhigen Tag vor, widmeten sich dem Flicken zerrissener Ausrüstungsteile und wuschen ihre Kleidungsstücke.

Ich fragte Bachid, ob wir heute noch weiterziehen würden, und er winkte ab.

„Heute bestimmt nicht mehr! Und wenn sie das Kamel nicht finden, dann wird Mohamed Ali ungenießbar sein."

Gegen Mittag tauchte das Suchkommando wieder auf, ohne das verlorene Kamel, aber mit vier Reitern im Schlepptau, die sich an der Suche beteiligten. Solch eine Jagd nach einem verschwundenen Kamel ist natürlich eine Mordsgaudi für die Bauern. Eine willkommene Abwechslung in ihrem geruhsamen täglichen Einerlei, in dem ein ungewöhnliches Ereignis von vorgestern noch Gesprächsstoff bietet für übermorgen. Ich bin sicher, daß auch ich in den Dörfern Kordofans einen solchen Evergreen abgeben werde.

„Wißt ihr noch, damals, der Nasrani, der mit der Ägypten-Karawane hier durchzog und der immer von den Zigaretten die Filter abriß?!"

Die Männer stärkten sich mit Asida und saßen wieder auf. Sie hatten die Umgebung durchstreift, ohne eine Spur zu entdecken, und nun glaubte Suleiman (der mit dem sechsten Sinn!) dem Tier auf die Schliche gekommen zu sein.

„Kurz nach der Mittagsrast gestern, da haben wir doch den Weiler As-Soqur passiert. Dort wo die Kamelstute angepflockt stand und unsere Hengste so wild gemacht hat, daß mir vom Schlagen jetzt noch die Hand wehtut!"

Um zehn Uhr abends, wir Zurückgebliebenen hatten uns längst schlafen gelegt, kehrte der Suchtrupp zurück. Er war auf ein Dutzend Leute angewachsen, wir hörten sie schon von weitem. Laut gröhlend kam die ganze Gesellschaft durch die Savanne geritten. Um das Lager überhaupt wiederzufinden, stießen sie schrille Jauchzer aus, die von Bachid und Abdallah erwidert wurden, bis sie mit Hilfe dieses „Echolots" die grobe Richtung angesteuert hatten und das rasch entzündete Feuer ihnen den Weg wies.

Alle waren betrunken. Aber sie hatten Erfolg gehabt. Und was für einen! Der Ausreißer hatte bei einem fremden Kamel Anschluß gefunden (tatsächlich bei As-Soqur, fünfzehn Kilometer südlich des Lagerplatzes) und bei näherem Hinsehen entdeckten die Männer am Hals des fremden Kamels das Brandzeichen des Beschir Abu Djeib, unseres Kamelhändlers. Offenbar war das Tier der vorhergehenden Karawane abhandengekommen, und unsere Leute hatten den unverhofften Zuwachs ausgiebig begossen. Suleiman fiel mir ein ums andere Mal glücklich glucksend um den Hals und lallte selig: „Schtell dir vor, hick, ein Kamel ham wir geschucht und schwei ham wir gefunnen, rülps!"

Auch Kamele brauchen Schuhe

Am fünften Tag passierten wir Wad Banda, die größte Ortschaft, die ich, zumindest aus der Ferne, zu Gesicht bekam. Das weiche Licht der Abendsonne lag wie goldener Tau auf den braunen Lehmziegeln. Aus den Mauern lösten sich in bunte Tücher gehüllte Frauen, die überladene Esel vor sich her trieben und den Weilern und Hütten irgendwo im Savannenland zustrebten. Der Wind wehte Hundegekläff und das aggressive Tuckern einer motorgetriebenen Mühle herüber.

Der Chabir hatte endlich meine Unzufriedenheit mit Humphrey I zur Kenntnis genommen. Die deutschen Beschimpfungen, die ich dem Kamel an den Kopf warf, hatte er wohl lange Zeit als Koseworte mißverstanden, aber seit ich Humphrey I immer ungenierter und brutaler mit der Peitsche traktierte, war ihm wohl aufgegangen, daß das Kamel eine Fehlbesetzung war.

Humphrey II beäugte mich argwöhnisch und als ich ihm den Sattel auflegte, ließ er gequält den Kopf ins Gras hängen, bleckte die Zähne und schrie kläglich. Doch als er begriffen hatte, daß er nun ein privilegiertes Reitkamel war, das die Brüllerei und die Stockhiebe der anderen Treiber nicht mehr zu fürchten brauchte, da wurden wir die besten Freunde.

Ja, Humphrey II war ein Kamel nach meinem Geschmack. Er hielt mit der Herde Schritt, ohne daß ich ihn prügeln mußte, er ging willig auf jede Tempoverschärfung ein und reagierte auf den leisesten Zügeldruck. Daß er einen unruhigen Gang hatte wie ein betrunkener Seemann und nie so richtig stillstehen konnte, das verzieh ich ihm gern. Nobody is perfect.

Eine Woche waren wir nun unterwegs und hatten 230 Kilometer – ein knappes Viertel der Strecke bis zum Nil – hinter uns gebracht. Dem Breitengrad entsprechend befanden wir uns bereits im Gebiet der Trockensteppe, doch die Vegetation gedieh noch immer üppig. Nur der Affenbrotbaum war selten geworden.

Vor dem Dörfchen Bayar ritten wir über ein kilometerlanges Gräberfeld. Tausende von Grabstellen und weit und breit nur verstreute kleine Dörfer! Der Friedhof war mir ein Rätsel. Der Koran schreibt seinen Gläubigen vor, daß der Tote nach Mekka schauen soll, aber die in verwitterte Feldsteine gefaßten Ruhestätten wiesen in alle Himmelsrichtungen. Das Bestattungsfeld mußte also aus vorislamischer Zeit stammen. Meine moslemischen Gefährten kümmerte es gar nicht, daß die Kamele über die Gräber trampelten. Ich ritt zum Chabir und machte ihn darauf aufmerksam.

Mohamed Ali wies meinen Vorwurf schroff zurück.

„Das sind doch nur ungläubige Hunde, die keine Seele haben!"

„Vergiß nicht, daß auch ich ein Ungläubiger bin!" antwortete ich scharf.

„Ich werde immer daran denken, Aga!"

Er sprach diese Worte in einem leisen, fast unterwürfigen Ton, aber seine Augen glühten tückisch und hinterhältig. In diesem Augenblick wurde mir bewußt, warum er mein Leben so gering achtete. Für diesen Mann war ich nur ein Ungläubiger, dessen Leben nicht mehr wert ist als das eines Schakals. Der Trunkenbold Mohamed Ali kompensierte seine verbotene Alkoholsucht mit gnadenloser Strenge gegen Nicht-Moslems.

Der erbarmungslose Marsch ging an den Kamelen nicht spurlos vorüber. Tag für Tag legten sie zwischen 35 und 40 Kilometer zurück, und bald schon zeigten sich die ersten Folgen. Auf dem pfadlosen, dornigen Boden zogen sie sich Verletzungen zu, sie humpelten, und die schwieligen Sohlen mußten mit Lederflicken geschützt werden. Es gab kein Kamel, das sich im Verlaufe der Reise nicht wundlief, und die Männer waren in ihrer sowieso schon spärlich bemessenen freien Zeit pausenlos damit beschäftigt, die Tiere zu verarzten.

War ein Vorderfuß zu behandeln, dann erforderte das keine aufwendigen Vorarbeiten. Dem kauernden Kamel wurde das verletzte Bein, das in dieser Stellung unter dem Leib ruht, zur Seite gezogen und fest verzurrt. Dagegen entwickelte sich das Vernähen eines Hinterhufes zu einer wahren Staatsaktion. Mit Stricken warfen die Männer das Kamel auf die Seite, verschnürten es wie ein Paket, und zu guter Letzt wurde das Tier auch noch geknebelt. Das arme Vieh mußte wirklich glauben, sein letztes Stündlein habe geschlagen.

Jetzt kamen auch die geheimnisvollen Leder-„Bleche" zu Ehren. Bachid hackte aus ihnen den Flicken heraus, weichte ihn in warmem Wasser ein und walkte das Leder geschmeidig. Mit einer Schusterahle stach er Löcher in die Hornschwielen des Hufs, durch die er später den Nähriemen führte. Das tut dem Tier nicht weh – solange das Werkzeug nicht ins Fleisch dringt. Dann allerdings ist alles zu spät, und der „Operateur" kann sich nur noch durch raschen Rückzug davor retten, daß ihm von den auskeilenden Hufen die Knochen zerschmettert werden.

Mit erstaunlicher Präzision säbelte Bachid von dem weichgekneteten Lederstück einen millimeterbreiten Streifen ab, fädelte ihn in die Öse der Ahle ein, pfriemelte sie durch die zuvor gebohrten Löcher und nähte den Lederflicken fest. Die überstehenden Ränder wurden noch abgeschnitten und dann besaß unser Kamel eine maßgeschneiderte Sandale.

Manche Tiere ließen die Prozedur in stoischer Gleichgültigkeit über sich ergehen. Andere stöhnten, wimmerten und weinten leise vor sich hin, daß es einem ganz weh ums Herz wurde, und die ganz Sensiblen stießen markerschütternde Schreie aus.

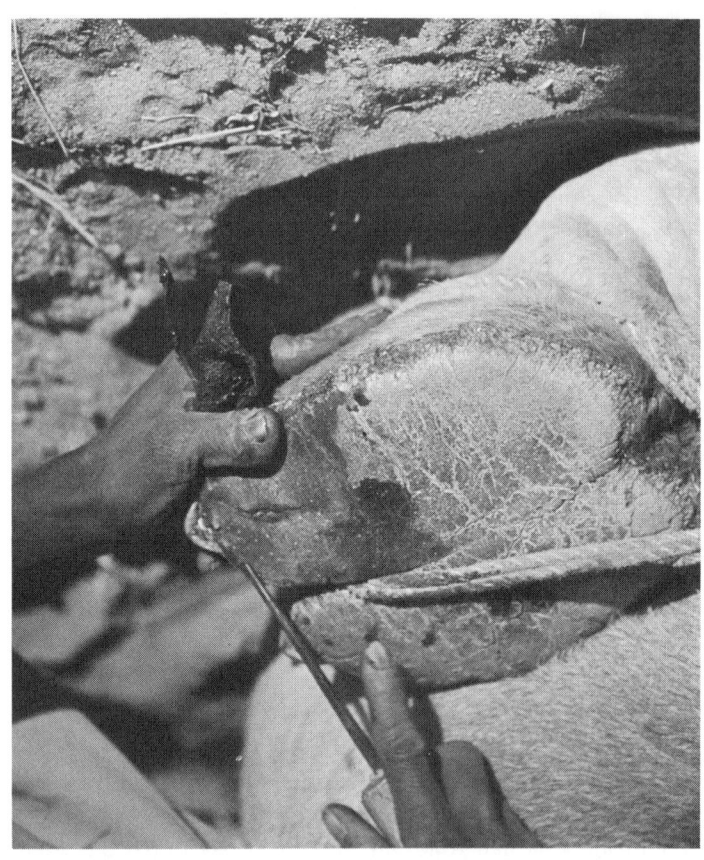

In die Hornschwielen des Hufs werden Nählöcher gebohrt

Es war ein wunderschöner, windstiller Morgen, den ich nutzen wollte, um die Kamera gründlich zu überholen. Die Einzelteile und Objektive lagen ausgebreitet auf der Plane, und ich schenkte Bachid und Abdallah keine Aufmerksamkeit, die fünf Schritte entfernt ein Kamel vernähten.

„Halt du mal das Kamel fest!" rief Abdallah.

„Ja, gleich", brummte ich, ungehalten über die Störung.

„Beeil dich!" drängte Abdallah und gab mir mit einer schamhaften Gebärde zu verstehen, daß er dringend „aufs Klo" müsse.

Dafür hat man natürlich Verständnis. Ich stand auf, warf noch einen besorgten Blick auf meine ungeschützt daliegende Fotoausrüstung und übernahm den Zügel. Wird ja nicht lange dauern, dachte ich, als Abdallah hinter einem Busch verschwand.

Jetzt war ich es, der ihn zur Eile mahnte. Doch er kam und kam nicht wieder, und dann sah ich, daß der Bursche gar nicht mehr im Gebüsch hockte. Er war längst in die Savanne hinausmarschiert und sammelte ein paar Kamele ein, die listig, Schritt für Schritt vor sich hin grasend, abzuhauen suchten.

Ich wurde immer nervöser, und dann war es auch schon passiert.

Bachid hatte dem Patienten die Schusterahle ins Fleisch gejagt, das Kamel bäumte sich auf vor Schmerz, wälzte sich auf die Seite und strampelte mit den Beinen wie ein auf dem Rücken liegender Käfer. Und mit jedem Tritt schaufelte es immer mehr Sand auf die Zeltplane.

„Halt fest!" brüllte Bachid und versuchte den Hengst am Schwanz zu packen, während meine Kamera im Sand versank.

Als wir das Kamel endlich unter Kontrolle gebracht hatten, war die Kamera buchstäblich untergegangen. Kein Teilchen mehr ragte aus dem Sandhaufen hervor.

Mir wurde schwarz vor Augen.

Verstört buddelte ich die Fotoausrüstung wieder aus, mutlos machte ich mich daran, die empfindlichen Apparaturen zu säubern. Wie sollte eine Spiegelreflex-Kamera eine derartige Verschüttung überleben?

Bachid war ganz geknickt. Wie ein geprügelter Hund schlich er um mich herum.

„Kaputt?" fragte er betrübt.

„Inschallah!" reagierte ich kurz angebunden und bemühte mich vergeblich, den verklemmten Spiegel zu bewegen.

Den Chabir kümmerte mein Mißgeschick überhaupt nicht. Verständnislos sah er meiner Fummelei zu.

„Los, wir reiten weiter!" raunzte er grob, und zur Bekräftigung schüttelte er seine Satteldecke aus. Ein Schwall von feinem Sand rieselte auf mich und die Kamera hernieder.

Ich hätte ihn erwürgen können.

„Nix da!" schrie ich wütend. „Bevor ich nicht fertig bin, rühr ich mich nicht von der Stelle!"

Meine Widerspenstigkeit brachte den Chabir in Rage.

„*Ich* bin der Karawanenführer! Merk dir das, Aga!" Und dann knallte er mir den Sattel auf die Plane, daß die Kamerateile nur so durcheinanderflogen.

„Laß das!" ergriff Bachid meine Partei. „Die Apparate haben zehntausend Pfund gekostet."

Den Preis hatte Bachid frei erfunden, aber die Zahl beeindruckte sogar den Chabir.

„Na gut", brummte er, „ich helf dir."

Und schon bückte er sich, um mit seinen fettigen Fingern in die Objektive zu fassen.

„Hände weg!" schrie ich und warf mich schützend über die Kamera.

Die Hilfsbereitschaft meiner Gefährten hatte ich manchmal mehr zu fürchten als ihre Unfreundlichkeiten.

Penibel säuberte ich Teil für Teil und prüfte es.

„Geht's wieder?" erkundigte sich Bachid hoffnungsvoll.

Die Technik erwies sich als widerstandsfähiger, als ich erwartet hatte. Die Gewinde, Hebel und Knöpfe knirschten zwar erbärmlich, aber die Kamera war funktionsfähig. Ich glaube, Bachid war darüber noch glücklicher als ich selbst.

Im Land der Kababisch

Das wellenförmige Grasland, das mit seiner satten Monotonie die Sinne des Wanderers einlullt, verflachte allmählich. Einsam aufragende Zeugenberge und schroffe Bergketten gaben nun markante Wegzeichen ab, an denen sich das Auge festhalten konnte. Im Westen grüßte der Kegel des Djebel Umm Dabakir, und im Osten begleiteten uns die kahlen Kuppen des Djebel Umm Bel.

Dies war das Land der Kababisch-Nomaden, der größten und bedeutendsten Stammeskonföderation im Nordsudan. Dort wo die Savanne in trockene Dornbusch-Steppe übergeht, beginnt das Gebiet der Kababisch. Im Westen weiden sie ihre Herden bis in die Provinz Darfur hinein, im Osten bis zu den Weideplätzen der

Allmählich wurde das Gelände flacher und sandiger

Stämme am Weißen Nil, und im Norden setzt die tote Libysche Wüste ihren Wanderungen eine natürliche Grenze.

Die Kababisch sind Kamelnomaden und als solche sehen sie mit Verachtung auf die Rindernomaden herab. Ein arrogantes Klassenbewußtsein, das man auch bei Kamelnomaden in anderen Regionen antrifft (z. B. den Tuareg).

Der Mahdi-Aufstand vor hundert Jahren beendete die politische Geschlossenheit der verschiedenen Kababisch-Stämme. Ein Teil schloß sich dem Aufstand an, andere Stämme verweigerten die Gefolgschaft. Der Mahdi stützte seine Macht vor allem auf die rinderzüchtenden Baggara-Nomaden, und mit denen wollte so mancher Kabbaschi (Singular von Kababisch) nichts zu schaffen haben. Infolgedessen wurden die aufmüpfigen Stämme Opfer von Strafexpeditionen und Repressalien seitens der Mahdi-Truppen. Der Nazir, das Oberhaupt aller Kababisch-Stämme, wurde geköpft, Tausende von Kababisch umgebracht, die Familien verschleppt und die Herden konfisziert.

Nach der Niederschlagung des Aufstands durch die Engländer gewannen die Kababisch ihre alten Machtpositionen zurück und erweiterten ihre Weidegründe auf Kosten anderer Stämme. Mißtrauen und Abneigung zwischen den Kababisch einerseits und den Meidobi, Kauahla, Beni Djerar, Darhamid und Hauawir andererseits sind allgegenwärtig, und in den Überlappungszonen der Stämme kommt es auch heute noch zu blutigen Fehden.

Wir ritten über Wiesen mit wildwachsendem Wermut. Der Duft der Blüten machte mich benommen, die Savanne stank wie eine drittklassige Hafenkneipe.

Es wurde merklich kälter. Waren bislang sogar die Nächte mild gewesen, so wurde jetzt das Aufstehen vor Sonnenaufgang zur zähneklappernden Qual.

Mohamed Ali machte sich fein. Während der Mittagsrast

rasierte er sich die grauen Bartstoppeln aus dem faltigen Knitter-gesicht, und dann kramte er auch noch den sauberen Reserve-„Anzug" heraus. Meinen fragenden Blick beantwortete Bachid. „Wir liegen kurz vor Umm Qussa. Da wohnt seine Familie."

Der Chabir verabschiedete sich und gab seinem Kamel die Peitsche. Die Sehnsucht nach dem ehelichen Lager trieb ihn zur Eile.

Wir sahen ihn erst am nächsten Tag wieder, als er uns frisch gebadet bei den ersten Hütten von Umm Qussa erwartete. In Sichtweite des Dorfes weideten wir die Herde, und Mohamed Ali kehrte noch mal ins traute Heim zurück. Im stillen hatte ich gehofft, daß er seine Leute zu einem mehr oder weniger opulenten Mahl in seine Hütte einladen würde, aber der Chabir dachte gar nicht daran, seine Familie und vor allem seine Frau den Blicken fremder Männer und womöglich gar der Kamera des Nasrani auszusetzen.

Als die Schatten immer länger wurden, war uns klar, daß der Chabir eine weitere Nacht zu Hause verbringen würde. Bachid war verstimmt, daß wir über diesen Zwangsaufenthalt nicht unterrichtet worden waren, und ließ das Nachtlager aufschlagen.

Sonnenaufgang – vom Chabir war noch immer nichts zu sehen. Bachid riß der Geduldsfaden. Wütend ritt er ins Dorf, um den Karawanenführer an seine Pflichten zu erinnern. Es mußte eine handfeste Auseinandersetzung stattgefunden haben, denn als Bachid endlich mit dem Alten eintraf, war er ungewöhnlich einsilbig und warf dem Chabir böse Blicke zu. Der Führer war noch mißgelaunter, weil er seinen Rausch nicht hatte ausschlafen dürfen. Alles andere als nüchtern, krakeelte er herum und verärgerte die Männer mit unsinnigen, sich widersprechenden Befehlen.

Die Karawane formierte sich. Das war für den Chabir die Gelegenheit, sich an Bachid zu rächen.

„Sliman!" brüllte er heiser und gab ihm mit weitausholender Armbewegung zu verstehen, daß er nach vorn reiten und Bachids Position einnehmen sollte.

Bachid parierte sein Kamel so hart durch, daß es erschrocken zur Seite ausbrach. Der junge Mann war sichtlich geschockt.

„He, Chabir, was soll das heißen?"

Der Alte gab keine Antwort. Mit herrischer Gebärde schickte er Bachid nach hinten, ans Ende der Karawane. So wie der Lehrer, der einen Schüler zur Strafe in die Ecke stellt.

Bachid lachte laut und schrill auf. Es war eine hilflose, verlegene Trotzreaktion.

„Chabir, du bist ja betrunken!"

Mohamed Ali überhörte die Anschuldigung. Er zog den Kopf ein, schlug den Mantelkragen hoch und ritt vorwärts, ohne nach links oder rechts zu sehen.

Siedlungen und Anbaukulturen wurden von Tag zu Tag seltener, dafür trafen wir jetzt häufiger auf Nomadencamps. Die Zelte sahen sehr bescheiden aus, dürftig in der Ausstattung und ohne Sinn für ästhetische Formen errichtet. Kein Vergleich mit der wuchtigen Eleganz der „Schwarzen Zelte" nahöstlicher Nomadenvölker oder der majestätischen Anmut zentralasiatischer Jurten. Abdeckungen aus bewegtem Ziegenhaar oder geflochtenen Matten sah ich kaum, meist waren die Leerräume zwischen den Holzstämmen nur mit gebundenen Grasbüscheln ausgefüllt.

Was für die Dörfer gegolten hatte, das galt auch für die Zeltlager – wir machten einen weiten Bogen um sie. Denn in ihrer Nähe war immer mit Kamelen oder sogar kleinen Herden zu rechnen. Und die zu umgehen, war noch schwieriger, als die Karawane von den Melonenfeldern fernzuhalten. Die fremden Kamele kamen neugierig angetrabt, und wir mußten praktisch an zwei Fronten kämpfen. Nach innen, um die Herde im Zaum zu halten und nach außen, um die fremden Kamele abzuwehren. Das

Nomadenzelt der Kababish

gelang nicht immer. Einmal sind uns vier Jungtiere zwischen die Herde geraten, die von unseren Großen wohlwollend beschnuppert und freundschaftlich mit dem Maul gestupst wurden. Es dauerte Stunden, bis wir die Kleinen wieder aussortiert hatten.

Bachids Absetzung als stellvertretender Karawanenführer hatte das Verhältnis der Männer getrübt. Die Stimmung war gereizt.

Abdallah goß die Teegläser voll.

„Gib mir ein paar Datteln!" fuhr Bachid seinen Bruder an.

„Keine mehr da", erwiderte Abdallah mürrisch.

„Warum hast du so wenig Datteln mitgenommen?" schimpfte Bachid.

„Was fragst du mich? Abdelfadil hat den Proviant besorgt!"

„Ach, der . . .!" Bachid verkniff sich eine böse Bemerkung über Beschirs Agenten.

Suleiman mischte sich ein und ahmte die hohe Fistelstimme von Abdelfadil nach.

„Keinen Zucker! Kein Diesel! Keine Datteln! O Allah! O Allah!"

Die Männer brachen in schallendes Gelächter aus. Sogar Mohamed Ali verzog das Gesicht zu einem Lächeln. Für einen Moment hatten alle ihren Ärger vergessen.

Bachid nippte mißmutig an seinem Tee.

„Schai murr (bitterer Tee)! Das kann man doch niemandem zumuten!"

„Schmeckt immer noch besser als Kamelpisse!" scherzte Suleiman.

„Du mußt das ja wissen!" höhnte Bachid. Er ließ keine Gelegenheit aus, dem Rindernomaden Suleiman eins auszuwischen.

Mohamed Ali wies den angebotenen bitteren Tee zurück und lenkte damit die Aufmerksamkeit auf seine Person. Die Absetzung würde Bachid ihm nie verzeihen und wenn er sich dem Befehl des Karawanenführers auch beugen mußte, so war er nicht mehr bereit, die Schwächen des Chabir schweigend hinzunehmen.

„Der braucht deinen Tee nicht, Abdallah", stichelte Bachid leise, aber laut genug, daß es alle hörten, „der Chabir trinkt lieber Dattelschnaps!"

Mohamed Ali drehte den Spieß um. Demonstrativ schenkte er sich ein Glas mit dem klaren, süßlichen Aragi ein und bot es artig seinem Kontrahenten an, wohl wissend, daß der strenggläubige Bachid eher verdursten als einen Tropfen Alkohol trinken würde.

Dafür griff Suleiman um so gieriger zu und bettelte gleich um noch einen Schluck. Am Ende hockten er und der Chabir beisammen, und die beiden tranken sich einträchtig einen Rausch an.

Am Morgen war Suleiman völlig erledigt. Er verfügte nicht über das dauerhafte Training des Chabir und litt schwer an seinem Kater. Suleiman tapste hilflos umher, lachte hysterisch und stolperte über jedes Gepäckstück. Die gesamte Morgenarbeit mußte ohne ihn erledigt werden.

Der Chabir zog ohne lange Umschweife die Konsequenzen und beorderte Bachid nach vorn. Die alte Karawanen-Hierarchie war wieder hergestellt. Mohamed Ali hatte wohl eingesehen, daß es auf Dauer ein unhaltbarer Zustand wäre, wenn Führer *und* Stellvertreter so sehr dem Alkohol zugetan sind.

Nächtliche Stampede

Schwaches Motorengeräusch ließ mich aufhorchen. Ich wickelte das Turbantuch von den Ohren. Das Geräusch war immer noch sehr schwach, sehr weit entfernt, aber deutlich als das Dröhnen eines Propeller-Flugzeugs zu identifizieren. Ich suchte den wolkenlosen Himmel ab. Auch die Kameltreiber starrten angestrengt nach oben. Suleiman entdeckte die Maschine als erster und wedelte aufgeregt mit den Armen. Wie ein silberglänzendes Insekt schnurrte das Flugzeug auf einer Ost-West-Bahn über uns hinweg und verlor sich im Flimmern des Firmaments.

Auf meinen Kamelreisen hat nur selten ein Flugzeug meine Route gekreuzt, aber immer waren dies Momente, in denen ich den Kamelritt besonders intensiv erlebte. Hier unten unternimmt ein Mensch eine Reise durch unbekanntes fremdes Land, eine richtige Reise mit all ihren Wagnissen und Beschwernissen. Dort oben wird der Reisende nur noch transportiert, von hier nach dort, schnell und bequem, aber er versäumt alles, was den Reiz des Reisens ausmacht.

Ich erinnere mich an einen Karawanenritt durch die Tenere-Wüste. Ich war krank, Fieberanfälle schüttelten mich, und ich gehörte schnellstens in ein Hospital, war aber auf Gedeih und Verderb an die langsam dahinschreitende Karawane gekettet. In jenen fürchterlichen Tagen querte in großer Höhe ein Flugzeug unseren Kurs, und das einzige, was ich beim Anblick der Maschine empfand, war Mitleid mit den Passagieren dort oben, die nur neugierig aus den Kabinenfenstern schauen dürfen und denen das Erlebnis eines Wüstenrittes verwehrt bleibt.

„Vielleicht fliegt es nach Deutschland?" fragte Bachid teilnahmsvoll.

„Nein, von Khartum nach El Fascher."

Aber damit war das Thema für Bachid noch nicht erledigt.

„Wie lange fliegt man vom Sudan nach Deutschland?"

„Neun Stunden", schätzte ich die Flugdauer.

„Du meinst neun Tage", wollte Bachid mein Arabisch berichtigen.

„Nein, nein!" beharrte ich. „Neun Stunden!"

Für meine Gefährten war das die Sensation des Tages.

„Eh, Abdallah, hast du das gehört? Nur neun Stunden bis nach Deutschland!"

Wer Entfernungen nur an der Geschwindigkeit einer Karawane messen kann, dem muß bei einer solchen Auskunft tatsächlich schwindlig werden. Vor neun Stunden, da hatten wir bereits den Bergrücken des Djebel Umm Badr im Blickfeld gehabt, und in weiteren neun Marschstunden wird er uns immer noch zur linken begleiten.

Einen Tag später passierten wir auch die Autopiste von Omdurman nach El Fascher – ein halbes Dutzend tiefer Fahrspuren, die sich über eine Breite von einem Kilometer verteilten. Der Chabir und Bachid ritten auf den Autospuren zum Dörfchen Abu Zaima, um uns beim Scheich, beim Dorfältesten, anzumelden, denn wir wollten die Herde an den hiesigen Brunnen tränken.

Nach zwei Stunden kam Bachid allein zurück. Er war sehr aufgebracht.

„Wir tränken die Tiere in El Baggariya."

„Warum?" fragte Suleiman. „Bis Baggariya sind es zwei Tage." Bachid zuckte mit den Schultern.

„Der Scheich behauptet, die Brunnen führen zu wenig Wasser,

um hundert fremde Kamele zu tränken. Er hat die Brunnengebühr für uns verdreifacht."

„Diese verdammten Kababisch!" Suleiman knirschte mit den Zähnen.

Ich begriff die Zusammenhänge nicht.

„Die Brunnengebühr, das sind doch nur ein paar Piaster! Was macht das schon?!"

„Der Chabir läßt sich doch nicht von den Kababisch betrügen!" belehrte mich Bachid, und dieses Mal ging die ganze Mannschaft mit dem Karawanenführer einig.

Im Laufe des Nachmittags stieß auch der Chabir wieder zu uns. Sein Zustand war besorgniserregend, so betrunken hatte ich ihn noch nie erlebt. Wenn es in Abu Zaima auch kein Wasser für uns gab, Schnaps verkaufte man einem ungeliebten Beni Djerar allemal. Mohamed Ali konnte sich kaum auf dem Kamel halten. In seiner beschwingten Stimmung gestikulierte er wild mit den Armen und schwankte dabei von einer Seite auf die andere. Traumwandlerisch wie ein – ja eben wie ein Betrunkener – fand er immer im kritischen Moment die Balance.

Als er dem Kamel das Kommando zum Niederknien gab, erwartete ich das Unvermeidliche, aber auch dieses Manöver überstand er mit der Grazie eines Seiltänzers. Die notwendigen Bewegungsabläufe stecken einem alten Kamelreiter eben im Blut, die macht er im Schlaf. Als er aber absteigen wollte und das rechte Bein in kühnem Schwung über den Sattelknopf schleuderte, da haute es ihn dann doch um, und er rollte, langsam wie in Zeitlupe, über die Schulter ab.

„Eh, Chabir, das hast du aber elegant gemacht!" Bachid redete dem Führer aufmunternd zu wie einem Kleinkind, das seine ersten Gehversuche absolvierte.

Der Alte hatte überhaupt nichts mitgekriegt, er lag im Gras und lachte meckernd vor sich hin.

Nach ein paar Gläsern starken, bitteren Tees kam er wieder etwas zu Verstand.

„Wir reiten nicht nach El Baggariya", verkündete er, „wir werden die Herde in Deid as-Sayid tränken."

Gespannt beobachtete ich Bachid, wie er wohl auf die Neuigkeit reagieren würde. Ich hatte zwar keine Ahnung, wo Deid as-Sayid lag, aber bei der augenblicklichen Verfassung des Chabir vermutete ich eine aberwitzige Idee.

„Gut, einverstanden!" erklärte Bachid kurz und beschrieb uns den Ort. „Deid as-Sayid bedeutet zwar einen Umweg, aber es ist ein großes Brunnenfeld und wir können schon morgen mittag dort sein."

Kursänderung, statt Nordnordost ritten wir nun nach Ostsüdost.

Die Dämmerung ist nur kurz in Afrika. Wenn die Sonnensichel in einem letzten Aufglühen hinter dem Horizont versinkt, dann ist das wie ein rotes Warnlämpchen – spute dich Wanderer, ein sicheres Nachtlager zu finden!

Bachid nahm das „rote Lämpchen" ernst und rief den Chabir quer über die Kamelherde hinweg an. Mohamed Ali antwortete nicht, hob nur den Arm und wies mit dem Kamelstock unmißverständlich nach vorn.

Es wurde ein unheimlicher, gespenstischer Ritt durch die Nacht. Das schwache Mondlicht machte mich ganz konfus. Ich vermochte die Konturen der Kamele nicht mehr von Bäumen und Sträuchern zu unterscheiden. Alles schien sich zu bewegen. Ich ritt auf ein Kamel zu, das sich etwas abgesetzt hatte, und erst als ich mit der Peitsche draufschlug, merkte ich, daß es ein großer Dornbusch war.

„Hast du etwa auch Schnaps getrunken?" frozzelte Abdallah.

Und dann geschah das Schlimmste, was mit einer Herde passieren kann: eine Stampede. Der Alptraum jedes Viehtreibers.

Ahnungslos ritten wir in die hereinbrechende Nacht

Alle sahen, wie das Unglück begann, keiner wußte, warum. Mit zwei Hengsten fing es an, die sich mit wütenden Bissen traktierten. Der schwächere floh, der andere hinterher. Das war nichts Besonderes, derartige Zwischenfälle kommen häufig vor, und Abdallah hängte sich hinter die beiden, um die Raufbolde zur Vernunft zu bringen. Soweit war alles noch Routine.

Doch dann kam es Schlag auf Schlag.

Am anderen Ende bissen sich auch zwei, mitten im Gedränge brachen plötzlich Kämpfe aus, auf der linken Seite bei Suleiman ging es auch schon los, und dann löste sich die ganze Herde in ein einziges Chaos auf.

Kreuz und quer jagten die Kamele durchs Gelände. Der Steppenboden dröhnte unter dem Trommelschlag der Hufe. Die Herde zersplitterte sich in Dutzende von Gruppen zu drei oder vier Kamelen, die gleichzeitig hintereinander herjagten und voreinander flohen. Die Tiere waren wie von Sinnen.

Verzweifelt bemühten sich die Treiber, die Kamele unter Kontrolle zu bekommen. Ein vergebliches Unterfangen. Die Tiere rannten blindlings alles über den Haufen.

Suleiman stellte sich schreiend einer Viererkette in den Weg. Brüllend kam die Meute angetrampelt.

„Sliman, paß auf!"

Suleiman prügelte auf sein Tier ein und zog mit solcher Gewalt am Zügel, daß es dem Kamel den Kopf nach hinten riß. Aber das Vieh war nicht von der Stelle zu bewegen. Suleiman schrie und zerrte am Führstrick, aber das Kamel drehte sich bloß bockend um die eigene Achse.

Die anstürmenden Kamele rammten Suleimans Tier an der hinteren Flanke. Es brach mit den Vorderbeinen ein, der Reiter riß es wieder hoch, da verbiß sich eins der nachjagenden Kamele im Hals von Suleimans Tier. Es brüllte auf vor Schmerz. Suleiman schlug dem Angreifer den Knüppel auf den Schädel, daß das Holz zersplitterte und die Bestie von ihrem Opfer abließ. In gewaltigen Sätzen stob Suleimans Kamel davon – und frontal in eine andere Kamelmeute. Die Tiere stürzten übereinander, und Suleiman wurde aus dem Sattel geschleudert. Eilig ritt ich hin, um nach ihm zu sehen. Er stand schon wieder auf den Beinen, hielt sich die Schulter, schien aber unverletzt.

„Hau ab!" schrie er mir zu. „Weg hier, die Kamele werden dich umbringen!"

Ich schüttelte den Kopf. Sollte ich mich etwa davonmachen und die Gefährten im Stich lassen?!

Da geschah etwas, was mich augenblicklich eines Besseren belehrte.

Ich hatte vollkommen außer acht gelassen, daß ja auch mein Reittier ein Hengst war, der genausoviel Lust am Beißen hat wie jedes andere Kamel.

Humphrey II blubberte den Kehlsack auf und ließ ihn seitlich

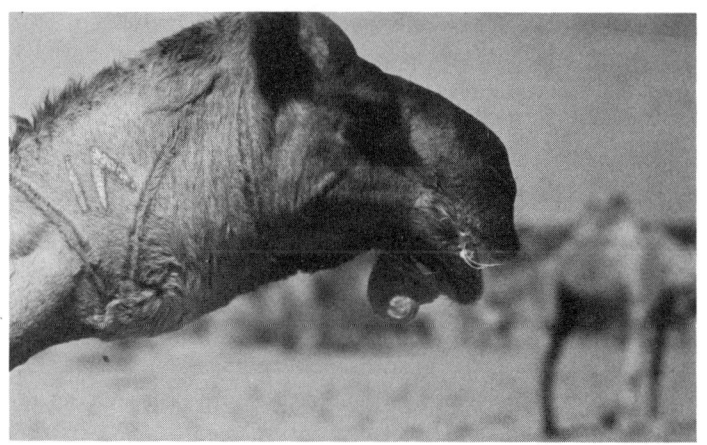

Wenn ein Kamelhengst seinen Kehlsack aufbläst, ist er unberechenbar

aus dem Maul hängen. Bei Kamelhengsten ist dies das Zeichen äußerster Erregung. Egal ob er eine Stute besteigen oder einem Rivalen den Hals durchbeißen will, egal ob er von sinnlicher Lust oder kalter Wut beseelt ist – wenn ein Hengst den Kehlsack aufbläst, dann bedeutet das, daß bei ihm der Verstand aussetzt.

Und jetzt hörte ich das unheilvolle Blubbern, mit dem Humphrey II die Luft in seinen Kehlsack preßte. Im nächsten Augenblick würde er mit mir durchgehen und sich an der wilden Jagd beteiligen.

Mit aller Kraft schlug ich ihm die Peitsche in die Hoden, um seinen Übermut zu kühlen. Humphrey II stöhnte auf. Ich riß ihn herum und trieb ihn hinaus in die Steppe. Nur fort von den anderen Kamelen, nur fort, bevor er von der allgemeinen Hysterie angesteckt wurde. Aber langsam, nur im Zockeltrab, sonst packt ihn doch noch das Jagdfieber.

Aus der Ferne sah das chaotische Treiben der Kamele gar nicht mehr bedrohlich, eher belustigend aus. Der mittlerweile im Zenit stehende zunehmende Mond beleuchtete die Szenerie auf dem abschüssigen Hang wie eine nächtliche Freilicht-Aufführung.

Die Männer hatten sich alle aus dem Zentrum des Geschehens zurückgezogen. Sie ließen die Kamele austoben und versuchten, einen losen Einschließungsring zu bilden. Bachid rannte zu Fuß hin und her, auch ihm hatte sein Kamel den Gehorsam verweigert, und von weit unten, dort wo die Anhöhe in die ebene Steppe auslief, hörte ich die sich überschlagende Stimme des Chabir.

Es war weit nach Mitternacht, als die Kamele sich so weit beruhigt hatten, daß wir sie zusammentreiben konnten. An Ort und Stelle schlugen wir das Nachtlager auf und besahen uns die Schäden. Suleiman klagte über eine geprellte Schulter, und mehrere Kamele hatten schlimme Bißwunden erlitten. Zwei waren besonders übel zugerichtet, mordlustige Artgenossen hatten ihnen die Kniekehlen aufgerissen, und sie hinkten mühsam hinter den Kamelen her. Der Chabir spritzte(!) ihnen Oxytetracyclin Hydrochlor, um Entzündungen an den verletzten Beinen vorzubeugen.

Zwei Kamele fehlten. Der Chabir gab sie verloren und verzichtete auf eine langwierige Suchaktion. Der Brunnen war jetzt wichtiger.

Die Schuld an dem Unglück traf so eindeutig den Karawanenführer, daß keiner der Männer eine hämische Bemerkung fallen ließ. Seine schwache Rechtfertigung, daß er die Wasserstelle so schnell wie möglich erreichen wollte, wurde schweigend zur Kenntnis genommen. Mohamed Ali hatte den Verlust zu verantworten, und jeder sah, daß der Fehler ihn bedrückte.

Ein Brunnen im Sahel

Die Kamelherde kam zum Halten und wir blickten hinunter in die Talsenke. Ein Hain mit großkronigen, schattenspendenden Sont-Bäumen und Homad-Akazien breitete sich dort aus wie ein ungepflegter, verwilderter Park. Nur die Staubwolke, die zwischen den Bäumen emporquoll, paßte nicht ins Bild.

„Bir ed-Deid as-Sayid!" deutete Mohamed Ali stolz nach vorn.

Beklommen sahen wir dem Chabir nach, als er die Sandhügel hinabritt. Wenn uns auch hier das Wasser verweigert wird, was dann? Seit dem Abmarsch in Djireban, seit genau 14 Tagen, hatten die Kamele nichts mehr getrunken. Lange würden sie das nicht mehr durchhalten.

Die Kamele rochen das Wasser, ungebärdig drängten sie ins Tal. Peitsche und Knüppel hatten wieder einmal Hochkonjunktur. Gleich würde sich erweisen, ob der Chabir die richtige Entscheidung getroffen hatte.

„Alles in Ordnung!" rief Mohamed Ali schon von weitem, und die Karawane setzte sich in Bewegung.

Der Lärm vom Brunnen her erscholl immer lauter. Eine letzte Biegung um eine mit Gesträuch bewachsene Sanddüne, und dann sahen wir den Brunnenplatz.

Ein phantastischer Anblick. Das war nicht einfach nur ein Brunnen, das war ein Heerlager. Zehntausend Tiere tummelten sich dort unten. Kamele, Rinder, Esel, Schafe und Ziegen erzeugten eine infernalische Geräuschkulisse. Vierzigtausend Hufe zertrampelten den Boden und wirbelten Sandschwaden auf, die wie feine Schleier den Platz einsponnen.

Suleiman und Abdallah jauchzten und stießen langgezogene

An die zehntausend Stück Vieh hatten sich am Brunnen Deid-as-Sayid eingefunden

Triller aus. Bachid überblickte angestrengt das Gewimmel. Seinem geschulten Auge entging kein Detail.

„Sieh mal da drüben, Chabir, das sind doch Hauawir-Nomaden!"

„Ich weiß", lächelte Mohamed Ali überlegen, „ich habe auch schon mit einigen Beni Djerar gesprochen."

„Der Chabir ist doch ein alter Fuchs!" wandte sich Bachid an mich. „El Baggariya wird nur von Kababisch besucht, da hätt's bestimmt Ärger gegeben. Aber hier tränken auch andere Nomadenstämme ihre Herden."

Das Brunnenfeld hatte die Größe von zwei Fußballfeldern und war auf allen Seiten von Wald umsäumt. Wie Perlen aufgereiht lagen fünfundsiebzig Brunnenlöcher am Rande des weiten, sandigen Platzes, alle umringt von Vieh und geschäftigen Menschen. In der Mitte lagerten diejenigen Herden, die auf einen freien Brunnen warteten und andere, die sich zum Abmarsch formierten.

Auch wir waren gezwungen, ein Weilchen zu warten. Ein hartes Stück Arbeit, wenn die Kamele kaum noch zu bändigen sind

Seit zwei Wochen hatten die Tiere nicht getrunken

und nicht verstehen können, daß sie noch immer nichts zu saufen kriegen.

Neben jedem Brunnenloch befand sich ein aufgeschüttetes Saufbassin, ein paar Schritte abseits, damit die Tiere keinen Schmutz ins Loch treten. Unsere drei Kameltreiber lösten sich beim Heraufziehen des Schöpfbeutels ab. Der Schacht war zwar nur fünf Meter tief, aber der lederne Schöpfbeutel faßte gut vierzig Liter und bis alle Kamele versorgt waren, hatten sie ihn an die 150mal hochzuwuchten. Und das in glühender Mittagshitze!

So gierig die Tiere auch auf das Wasser gewesen waren, so behutsam prüften sie es nun, als die schmutzig-braune Brühe im Saufbecken schwappte. Das Brunnenwasser roch muffig und war lauwarm. Die Kamele hielten die Nase hinein und manchem schien der Appetit schon vergangen.

Suleiman schnalzte lockend mit der Zunge und sprach geduldig auf sie ein.

„Sauft, sauft, meine anmutigen und edlen Kamelchen! Sauft,

sauft, ihr Lieblinge Allahs! Das nächste Mal gibt's erst was zu trinken, wenn ihr mit den Beinen im Nil steht!"

Das war ein starkes Argument, und die Tiere soffen jedes ihre fünfzig bis sechzig Liter.

Neben uns hatte sich eine Gruppe Kababisch niedergelassen. Neugierig kamen die Männer näher. Ein Nasrani in Deid as-Sayid, das hatten sie noch nie erlebt. Die meisten dürften wohl noch nie einen Nasrani gesehen haben. Nasrani, das war für sie gleichbedeutend mit Inglisi (Engländer), und die kannten sie nur aus den Erzählungen ihrer Großväter, wenn diese von den Heldentaten der Mahdi-Krieger schwärmten.

„Ein Almani (Deutscher) bist du? Habt ihr nicht auch gegen die Engländer Krieg geführt?"

Gemeinsame Gegner, so was verbindet.

Ich nahm die Sonnenbrille ab, damit die Männer mir genauso forschend in die Augen blicken konnten, wie ich ihnen. Kantige, scharf geschnittene Gesichter hatten diese Kababisch, und der selbstbewußte Stolz des freien arabischen Nomaden leuchtete aus ihren Augen. Es waren sehnige Gestalten, kein Gramm Fett am Leib, nur Muskeln und Knochen. Das Nomadenleben ist ein hartes und karges Dasein, da genügt es, wenn das Vieh Fett ansetzt.

Um den Hals hatten sie die islamische Gebetskette hängen. 99 Kugeln, jede steht für einen schmückenden Beinamen Gottes. Mit Daumen und Zeigefinger schiebt der Moslem die Kugeln leise klackend die Schnur entlang.

„Allah der Allmächtige, der Erhabene, der Gütige, der Barmherzige, der Allwissende, der . . ."

Neunundneunzig Mal. Den hundertsten Namen Gottes weiß allein das Kamel, so sagt man. Deswegen schaut es auch so hochmütig drein, weil es sich seines überlegenen Wissens bewußt ist.

Hagere, sehnige Gestalten sind die Männer der Kababish

Schön, gepflegt und stolz ihre Frauen

Noch stolzer als ein Kamel sind die Frauen der Kababisch. Ganz unmuselmanisch forderten mich die Männer auf, ihre hübschen unverschleierten Frauen zu fotografieren, und dabei lachten sie spitzbübisch.

„Sieh dich vor", raunte mir Abdallah zu, „die Weiber schütten dir bestimmt einen Kübel Wasser über den Kopf."

Frauen im Orient zu fotografieren, das ist ein Kapitel für sich. Entweder werfen sie alles hin und laufen schreiend davon, oder sie hetzen ihre mit Messern, Stöcken oder Schwertern bewaffneten Männer auf den Frevler. Mit viel Glück lächelt dann doch mal eine in die Kamera, aber nur, um dir anschließend das Hemd vom Leibe zu reißen und den letzten Piaster aus der Tasche zu ziehen.

Ganz anders die Kababisch-Mädchen. Sie ließen sich von der Kamera überhaupt nicht in ihren Beschäftigungen stören. Ihre Verachtung für die taktlose Neugier des Nasrani drückten sie durch konsequente Nichtbeachtung aus.

Die Arbeit am Brunnen lastete ganz auf ihren zarten Schultern. Die Männer schauten nur zu, gaben überflüssige Ratschläge oder tratschten mit den Angehörigen anderer Sippen, denn die Wasserstellen sind die Kommunikationszentren der Nomaden; der einzige Ort, wo sich die Wanderungs-Routen der Clans berühren.

Die jungen Kababisch-Frauen waren Schönheiten. Trotz der rauhen Arbeit wirkten sie gepflegt und waren prächtig gekleidet, als wollten sie geradewegs zu einer festlichen Zusammenkunft reiten. Züchtig bis zum Hals in farbige, mehrfach um den Körper geschlungene Umhänge gehüllt, hievten sie die schweren Schöpfbeutel nach oben und schleppten sie zur Viehtränke. Nur die schlanken, wie Samt schimmernden nackten Arme ließen die Schönheit ihrer braunen Körper ahnen.

Die schwarzen Tätowierungen und Bemalungen an Kinn und Wangen bildeten einen kräftigen Kontrast zu den makellosen weißen Zähnen und verliehen den bildhübschen Gesichtern etwas

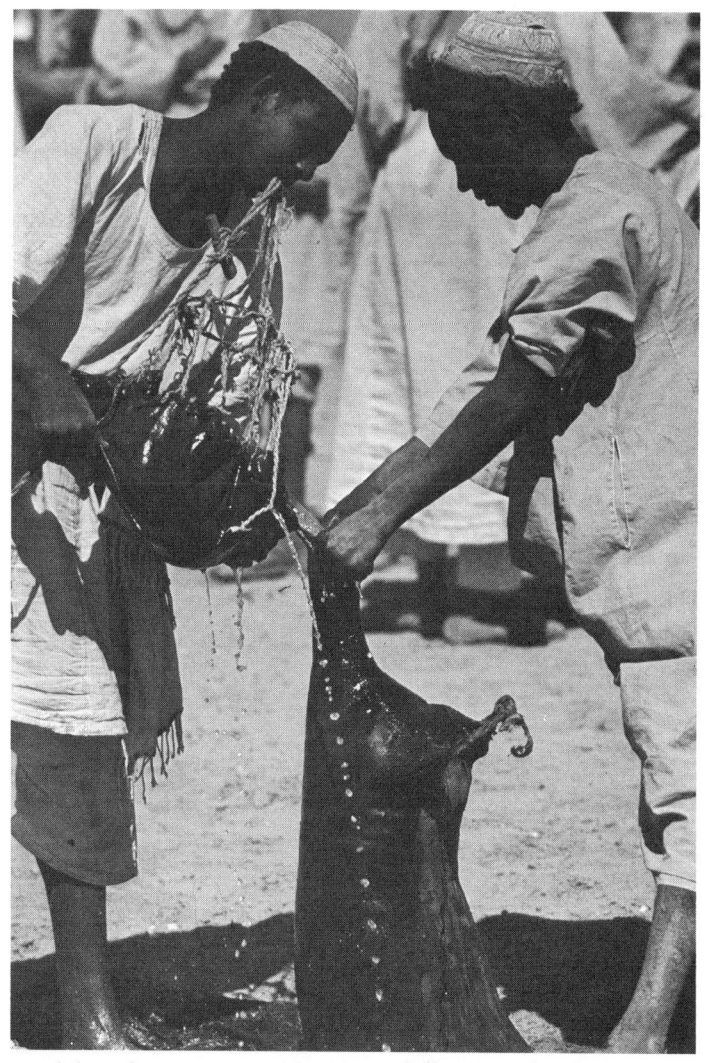

Nachdem die Tiere versorgt waren, füllten wir die Gerbas

Wildes, Raubtierhaftes. Das blauschwarze Haar war zu fettigen kurzen Zöpfchen gedreht.

Alle Mädchen waren mit Schmuck behangen. Sie trugen goldene Armreifen, Nasen- und Ohrringe, und um den Hals schwere Silberplatten. Die Ohrringe wurden nicht am Ohrläppchen befestigt, sondern am oberen Rand der Hörmuschel, was nach vieljähriger Praxis dazu führen kann, daß die Ohren unschön abstehen wie bei den Männern, denen der Turban die Ohren nach vorne abknickt. Aber bis es soweit ist, ist die Schönheit der Frauen längst verblüht, und dann kommt es auf die Segelohren auch nicht mehr an.

Nachdem die Kamele getränkt waren, füllten wir alle verfügbaren Gerbas, vier waren es insgesamt, prallvoll.

Die Zeit des gemütlichen Reisens war nun vorüber. Kein Dorf mehr, wo Abdallah den Wasserschlauch und der Chabir den Schnapskanister nachfüllen konnten. Keine fette Savanne mehr, wo die Kamele sich nach Herzenslust sattfressen durften.

Mit dicken Wasserbäuchen marschierten unsere Kamele der Wüste entgegen.

Wadi Milk

Seit Abu Zaima hatte die Landschaft ein neues Gesicht bekommen. Der Grasteppich wurde zusehends „löcheriger", bis er zu verlorenen Inselchen im Sand geschrumpft war. Die Kamele reckten sehnsüchtig die Hälse, wenn hie und da ein kümmerlicher Dornbusch sein genügsames Dasein fristete oder eine Schirmakazie, deren vasenförmige Kronen so exakt gewachsen waren, als hätte ein Gärtner sie gestutzt.

Heute werden wir das Wadi Milk erreichen, hatte der Chabir am

Morgen prophezeit, und die Männer guckten sich die Augen aus. Das Wadi Milk hat für die Karawanenleute einen magischen Klang. Wie ein ausgestreckter Finger ragt es Hunderte von Kilometern in die Libysche Wüste hinein. Ohne das Wadi Milk gäbe es keine Karawanen von Kordofan nach Ägypten. Wie an einem stützenden Geländer entlang tasten sich die Karawanen an diesem schmalen Vegetationsstreifen in die Wüste hinein. Das Wadi Milk prägt die Geographie Nord-Kordofans, und es gibt keine Karte, auf der das Trockenflußbett nicht eingetragen ist. Häufig derart überzeichnet, als breche sich hier durch Sand und Geröll einer der großen Ströme Afrikas seine Bahn zum Nil.

Eigentlich heißt es Wadi el-Melik, das „Königstal", aber im Sprachgebrauch ist der Name zur griffigen Kurzform „Wadi Milk" verkümmert.

„Da, seht nur, da ist es!" Bachid rutschte ganz aufgeregt auf seinem Kamel hin und her und zeigte nach Westen.

Ich sah überhaupt nichts. Erst als ich das Teleobjektiv auf die Kamera schraubte, konnte ich den schmalen dunkelgrünen Streifen erkennen, der sich am westlichen Horizont zwischen Himmel und Erde schob.

Viel mehr bekamen wir vorerst vom Wadi Milk auch nicht zu sehen. In einer parallelen Linie begleiteten wir es auf seinem Weg nach Norden.

Der Chabir rief Abdallah zu sich und deutete zum Wadi Milk hinüber.

„Wir sind jetzt auf der Höhe von El Baggariya", belehrte er den Jungen. „Schnapp dir die leere Gerba, bis zur nächsten Wasserstelle benötigen wir jeden Tropfen."

Übergangslos verwandelte sich die Dornbusch-Steppe in vegetationslose Sandwüste. Bei Sonnenuntergang war von der Veränderung noch nichts zu spüren. Der Wandel vollzog sich in der kurzen Zeit der Dämmerung. Die Grasinseln wuchsen spärlicher,

Übergangslos begann die Wüste

bis nur noch weitverstreute Büschel ihre dürren Halme trotzig aus dem Sand streckten. Es gab keine Akazien mehr, und auch die unverwüstlichen Dornbüsche waren von der Bildfläche verschwunden. Als der aufziehende Mond der Karawane den Weg leuchtete, befanden wir uns mittendrin in der gespenstisch lautlosen Sandwüste.

Nur das Wadi Milk milderte den Eindruck der Verlorenheit. In den Abendstunden waren wir dem Wadi etwas näher gerückt, damit es uns im Dunkeln als Wegweiser diene. Der schwarze Strich hob sich deutlich gegen den Sternenhimmel ab. Anfangs glaubte ich, wir ritten schräg auf das Wadi zu, aber das war eine optische Täuschung. Der Chabir hielt immer gleichen Abstand ein, nah genug, um sich daran zu orientieren und fern genug, daß die Kamele nicht auf dumme Gedanken kamen.

Ein scheußlich kalter Wind strich über das Wüstenplateau. Längst hatte ich mir den Pullover übergestreift, dennoch fröstelte ich und vergrub die Hände abwechselnd in den Hosentaschen. Die Männer hatten die Mäntel angezogen und Suleiman, der nichts außer einem Hemd besaß, hüllte sich in die Satteldecke.

Ein Wüstenritt im Mondschein, das ist wie ein Märchen aus Tausendundeiner Nacht. Das bleiche Licht verwandelt die Sandfläche in eine verzauberte stille Schneelandschaft, es verhext die Sinne, alles mutet unwirklich und phantastisch an wie in einem Traum. Wie aus weiter Ferne dringen die Rufe der Treiber und das Keuchen und Schnauben der Kamele an mein Ohr. Mein Bewußtsein ist ausgeschaltet, willenlos hänge ich im Sattel und lasse Humphrey II einfach laufen. Mehrfach ertappe ich mich dabei, daß ich eingenickt bin. Traum und Wirklichkeit verwischen sich. Die vielen schlaflosen Nächte sind nicht spurlos an meinem Körper vorübergegangen. Nun fordern sie ihren Tribut.

Plötzlich bin ich hellwach. Der dunkle Strich des Wadi Milk hat Konturen angenommen. Wie eine Fata Morgana steht der Wald vor uns. Das Auge muß sich erst an diesen unglaublichen Anblick im Wüstensand gewöhnen.

Die Karawane bezieht ihr Nachtlager im Wadi. Ich blicke auf die Uhr – eine Stunde vor Mitternacht. Jetzt erst spüre ich, daß mir sämtliche Knochen im Leib schmerzen. Kraftlos lasse ich mich vom Kamel fallen. Sechzehn Stunden haben wir heute im Sattel gesessen, 55 Kilometer sind die stolze Tagesausbeute.

Eine erbärmlich kalte Nacht. Morgens um vier hielt es Suleiman nicht mehr aus und machte Feuer. Anstatt zu schlafen, hockten wir bald alle um die Flammen und warteten sehnsüchtig auf den hellen Streifen am Horizont, der die Sonne ankündigte.

Im nüchternen Tageslicht wirkte das Wadi Milk eher enttäuschend. Zu beiden Seiten des zehn Meter breiten, tief ausgewaschenen Flußbetts wucherten fünfzig bis hundert Meter dichter Wald, im Vorfeld ein bißchen Gesträuch und Grasbüschel, und das war auch schon die ganze Herrlichkeit.

Das ausgetrocknete Flußbett des Wadi Milk

Nachdem die Kamele ihren Morgenhunger gestillt hatten, ritten wir wieder hinaus in die Wüste. Der eisige Nordwind bereitete uns einen unfreundlichen Empfang. Zusammengekrümmt hockten wir auf den Tieren, den Kopf tief gesenkt, um das Gesicht gegen die anstürmende Kälte abzuschirmen. Abdallah und Suleiman sprangen von den Kamelen, um sich warmzulaufen. Die Sonne stand schon recht hoch, aber gegen den Wind, der uns gnadenlos entgegenwehte, kam sie nicht an. Nach einer Stunde waren wir so durchgefroren, daß der Chabir eine Teepause anordnete.

Schweigend wärmten sich die Männer ihre steifen Finger an den Gläsern. Keiner, der sich jetzt noch über den bitteren Geschmack des Tees beschwerte.

„Ramla (Sandwüste)!" seufzte der Chabir und deutete nach vorn. „Sand, Sand, Sand – bis zum Nil."

„Ich reite gern durch Sandwüste", erklärte ich unbeeindruckt.

Bachid schaute mich ungläubig an.

„Chalaus, du bist verrückt!"

Mohamed Ali schüttelte ebenfalls den Kopf.

„Warte nur ab", drohte er mir, „wenn wir in den Sanddünen sind, wird es noch kälter sein!"

Bei diesen Worten begann Suleiman zu zittern und zog sich die umgehängte Satteldecke über den Kopf.

„Was ist los, Sliman?" fragte ich spöttisch, „du hast doch schon die Karawanen zur Salzmine in El Atrun mitgemacht. War es dort etwa nicht so kalt?"

„Kalt, kalt, immer nur kalt!" ertönte es in drolliger Verzweiflung unter der Wolldecke hervor. „Allah verfluche die Wüste und ihre bösen Djenun (Geister)!"

Die Sonne wärmte die verfrorenen Leiber nur langsam durch. Stumpfsinnig saßen die Männer in den Sätteln. Die Lust an hinüber- und herüberfliegenden Scherzworten war ihnen vergangen. Mit zusammengepreßten Lippen und verkniffenen Augen trotzten sie dem Eiswind.

Im Osten reckte sich der Djebel Mughas in den Himmel. Wie eine Pyramide, so präzise, als hätte ein altägyptischer Baumeister die Form aus dem Granit gemeißelt. Stunde um Stunde ritten wir dahin, die Pyramide vor Augen, aber die exakte Gleichförmigkeit des Bergkegels und der unverändert gleichbleibende Anblick erweckten den Anschein, als bewegten wir uns gar nicht von der Stelle.

Zur Mittagszeit bogen wir wieder ins Wadi Milk ein. Im Windschatten der Bäume gerieten wir von einem Moment auf den anderen in einen Glutkessel. Wir machten es wie die Kamele, wir warfen uns in den Sand und genossen die wohlige Hitze.

Abdallah nahm den Kochtopf vom Feuer. Mit geübten schnellen Griffen langte er in den brodelnden Hirsebrei, um das angebrannte Untere vom Topfboden zu lösen, und kippte die Mittagsmahlzeit in die Eßschüssel.

Wie üblich rief der Chabir nach Bachid und Suleiman, die die Herde beaufsichtigten, und wie üblich kam von Suleiman keine Antwort. Bachid hatte sich längst eingefunden, doch von Suleiman keine Spur.

„Sliman!" „Sliman!" „Sliman!"

Schweigen im Walde.

„Laßt mich das mal machen!" bot ich meine Hilfe an. Beim Militär war ich als der größte Schreihals der Division berüchtigt gewesen, und außerdem verfügte ich über ein Lockmittel, dem Suleiman nicht widerstehen konnte – meine Zigaretten! Er hatte so oft um eine Zigarette gebettelt, bis ich mir angewöhnte, immer gleich zwei anzuzünden, eine *Sidjara* für mich und eine für Suleiman.

Ich stand auf und holte tief Luft.

„Slimaaan! Sidjara!"

Mucksmäuschenstill lauschten wir in den Wald.

„Yii!" kam das Echo aus weiter Ferne.

Von diesem Tag an gehörte das Herbeirufen der Kameraden zu meinen täglichen Pflichten.

Das zweite Nachtlager im Wadi Milk mußten wir uns hart erkämpfen. Schuld an der unerwarteten Plackerei war der Chabir, dem beim Einstieg ins Wadi ein schlimmer Fehler unterlief. Müde und hungrig trieben wir die Herde aus der mondhellen Wüste in den stockfinsteren Wald hinein. Doch der Chabir hatte die Stelle verfehlt, die er als Nachtlager vorgesehen hatte und ansteuern wollte.

„Raus hier!" schrie Bachid dem Führer zu. „Schnell raus aufs freie Wüstenplateau, wo wir die Kamele wenigstens sehen können!"

„Nein, nein!" rief Mohamed Ali. „Weiter, weiter, wir müssen ja gleich da sein!"

Der Chabir hatte sich um etwa einen Kilometer verschätzt, aber dieser eine Kilometer wurde der längste der ganzen Reise. Eine knappe Stunde brauchten wir dafür. Wir sahen kaum die Hand vor Augen und trieben die Kamele nach dem Gehör. Wenn es irgendwo raschelte, ritten wir vorsichtig hin, denn das konnte nur eins unserer Kamele sein.

Als ich ein paar der völlig verwirrten Tiere um einen großen Baum herumlotste, kam Abdallah von der anderen Seite und prügelte auf meinen Humphrey ein, bis mein empörter Zuruf ihn über seinen Irrtum aufklärte.

Gleich drei Kamele meldete Bachid als Verlust. Wahrscheinlich hatten sich die Tiere gar nicht aus dem Staub gemacht, sondern sich schlicht verirrt.

Beim ersten Morgenschimmer sattelten Suleiman und der Chabir ihre Reitkamele, um die „verlorenen Schäfchen" wieder einzusammeln. Nach kurzer Beratschlagung kamen sie zu dem Schluß, daß die Tiere wohl einfach weitergelaufen waren, und vermuteten sie nun flußabwärts.

Suleimans „Kamelriecher" erwies sich wieder einmal als goldrichtig. Zwei Stunden später waren sie mit den fehlenden Kamelen zurück.

Abdallah hatte mittlerweile den Hirsebrei angerührt und den Tee aufgesetzt.

Da entschlüpfte Bachid das falsche Wort im falschen Augenblick.

„Verlorene Zeit!" bemerkte er spitz. „Wenn der Chabir gestern abend auf mich gehört hätte, wäre das gar nicht passiert."

Mohamed Ali explodierte.

„Wir verlieren überhaupt keine Zeit!" brüllte er. „Wir brauchen kein Frühstück!" Er stieß mit dem Fuß die Teekanne um, und das begehrte heiße Naß versickerte im Sand. „Und auch keine Mittagspause!"

Einen solchen Wutausbruch hatte dem Alten keiner zugetraut.

Verdattert beluden wir die Kamele.

„Dummkopf!" zischte Abdallah seinem Bruder zu, und noch eine ganze Weile sah ich die beiden nebeneinander herreiten und heftig streiten.

Der Wind blies so eisig, daß wir bis in die Mittagszeit Pullover und Mäntel anbehielten. Spuren von Gazellen und Schakalen durchzogen den Sand, sie führten alle von den Bergen im Osten zum Futterplatz Wadi Milk.

Wie angedroht, machten wir keine Mittagsrast und als wir spätabends beim Brunnen Bir Achmed absaßen, hatten wir zwölf Stunden ohne Pause im Sattel verbracht. Ich fühlte keinen einzigen Knochen mehr. Wenn das so weiterginge, würde ich wohl quer über den Sattel gebunden am Nil ankommen.

Wir tränkten die Reittiere, schnitten mit den Äxten einige Bündel Futter und tratschten mit den Nomaden, die hier ihre Zelte aufgeschlagen hatten.

Der hohe Grundwasserspiegel beim Brunnen Bir Achmed vollbrachte noch einmal ein kleines Wunder in der Wüste. Das Gras reichte den Kamelen bis zum Bauch, und nicht nur Akazien wuchsen hier, sondern auch Sont-Bäume, Tamarisken und haushohes giftgrünes Binsen-Gebüsch.

Hier beim Brunnen Bir Achmed veränderte das Wadi Milk seine strikte Nord-Richtung und floß nun auch nach Nordosten.

Die „Rollbahn" nach Ägypten

„Quafla (Karawane)!"

Suleiman lenkte sein Kamel zu mir herüber und zeigte mit dem Arm nach Osten. Das Gelände senkte sich sanft ab und stieg in einer Entfernung von fünf Kilometern oder zehn – unmöglich, das

auch nur annähernd zu schätzen – wieder an bis zu den zerklüfte-
ten Schuttkegeln des Djebel Abdun. Und dort unten, dort
irgendwo mußte die fremde Karawane stecken.

Doch so sehr ich mich auch anstrengte, in der toten Landschaft
konnte ich nichts Lebendiges erkennen. Der schmutziggelbe Sand,
übersät mit Felsbrocken und verdorrtem Dornengebüsch, ver-
schwamm vor meinen Augen zu einer diffusen, abstrakten Fläche
ohne Konturen und Farbtupfer. Vereinzelte Wolken warfen ihre
Schatten darüber und verwirrten vollends.

Dies war die „Rollbahn" nach Ägypten, der Highway der
Karawanen.

Die Blicke meiner Männer schweiften immer wieder hinüber.
Sie stritten sich über die Zahl der Kamele.

„Chalaus!" rief Abdallah. „Sag du uns, aus wieviel Tieren die
Karawane besteht!"

Ausgerechnet ich, dachte ich, ich war doch der einzige Blinde
unter den Sehenden.

Auf dem Karawanen-Highway nach Ägypten

Aber zugeben, daß ich gar nicht wußte, wovon sie redeten, das mochte ich auch nicht. Abdallah hielt meine Brille sowieso schon für ein verkapptes Fernglas.

Ich tat so, als würde ich die verdammten Viecher zählen. Die Mutmaßungen der Gefährten schwankten zwischen fünfzehn und achtzehn Kamelen, und ich wollte gerade auf gut Glück irgendeine Zahl nennen, da hatte Petrus ein Einsehen und half mir aus der Klemme. Ein großflächiger Wolkenschatten löste sich auf, und im grellen Licht der Mittagssonne entdeckte ich die ominöse Karawane. Sie war nicht mehr als eine Zusammenballung kleiner Punkte, die, da sie sich im selben Tempo wie wir bewegten, still zu stehen schienen.

„Wirklich sehr schwierig", hielt ich Abdallah hin und fingerte nach dem Teleobjektiv. Jetzt wußte ich ja wenigstens, wo ich die Kamera hinhalten mußte.

Auch mit dem Teleobjektiv war es immer noch ein Glücksspiel, das Gewusel der winzigen Köpfe, Beine und Höcker auseinanderzuhalten, zumal Humphrey II partout nicht ruhig stehenblieb und hektisch auf der Stelle trat.

„Sechzehn Kamele!" entschied ich mich endlich.

Abdallah zog einen Flunsch und gab die Neuigkeit weiter. Suleiman und der Chabir aber lachten hämisch, sie hatten beide richtig getippt.

Der morgendliche Ausstieg aus dem Wadi Milk, wo wir wie üblich die Nacht zugebracht hatten, bescherte uns eine Überraschung, die von den Männern mit lauten Jubelrufen quittiert wurde: es war fast windstill, und ohne den kalten Sturm verlor die Wüste (fast) alle ihre Schrecken.

Es dauerte nicht lange, und wir stießen auf die Spuren der fremden Karawane, die natürlich auch im Wadi übernachtet hatte. Bachid sprang vom Kamel und besah sich die Hufspuren.

„Höchstens eine Stunde alt!"

Der Chabir schüttelte unwillig den Kopf und wünschte die Karawane zum Teufel.

„Die verfluchten Kamele da vorn werden unseren Mittagsweideplatz blockieren!"

Der Chabir sollte recht behalten.

Der Weideplatz war ein Seitental des Wadi Milk, dessen Grundwasser den leblosen Sand in eine satte Wiese verzaubert hatte. Üppiger Graswuchs und Akazienhaine ließen die Wüste vergessen.

Die Männer spähten das Gelände aus, und bald darauf hatten sie ein paar grasende Kamele entdeckt. Mohamed Ali ritt voraus, um sich mit dem dortigen Karawanenführer zu arrangieren. Den schien das jedoch wenig zu bekümmern, es verging mehr als eine Stunde, bis wir einen Mann die Kamele zusammentreiben und verschwinden sahen.

„Juu-hu-hu-hu!" Im dichten Buschwald verborgen, gab der Chabir das Startkommando, das Wadi war jetzt frei für unsere Kamele.

Dann kehrte Mohamed Ali zurück. An seiner Seite der fremde Karawanenführer, der uns einen Höflichkeitsbesuch abstattete. Er war ein hochgewachsener, muskulöser Kabbaschi. Sein Reittier war ein Prachtstück von einem Kamel. Noch einen halben Kopf größer als unsere kräftigsten Hengste und dabei von einem lammfrommen Gemüt, das den Tieren aus unserer Herde ja nun völlig abging. Der Kabbaschi behandelte das Kamel wie eine empfindliche Elektronik. Die Kommandos flüsterte, nein, hauchte er, und wenn er die verschiedenen „Gänge" einlegte, dann schlug er nicht brutal mit dem Fuß gegen den Hals, sondern streichelte sanft mit dem Zeh über die Kruppe.

Vom Sattel herab bellte er uns ein kurzes, fast unfreundliches „Friede sei mit euch!" zu. Minutenlang musterte er den Lagerplatz und jeden der Männer von Kopf bis Fuß. Erst nachdem er uns

Der Führer der Kababish-Karawane

genauestens examiniert hatte – meine Leute taten so, als bemerkten sie das gar nicht –, ließ er das Kamel niederknien und setzte sich zu uns.

Er war nach Dongola unterwegs, wo er die kleine Herde verkaufen wollte. Ich fragte ihn, ob er sein Reittier ebenfalls versilbern werde. Der Kabbaschi starrte mich fassungslos an. Das war wohl so ziemlich das Dämlichste, was ein Mensch fragen konnte! Bachid schlug die Augen hoch und klatschte sich mit der flachen Hand vor die Stirn. Ein solches Prachtexemplar verkaufen?! Eher würde ein Kamelnomade seine Frau aus dem Zelt jagen!

Abdallah hatte inzwischen die Mahlzeit zubereitet, und nun wurde dem Kabbaschi eine Ehre zuteil wie noch keinem unserer Gäste zuvor: Mohamed Ali bat ihn als ersten zu Tisch.

Abdallah stellte ihm die dampfende Hirseschüssel hin, und wir alle zogen uns zurück, damit er sich ungestört über die volle Schüssel hermachen durfte. In Sachen Gastfreundschaft hatte ich auf dieser Reise ja schon allerlei erlebt, aber das war der Gipfel. Uns knurrte der Magen, und dieser Fremde sollte alles allein essen!

„Ist das ein Scheich, ein Stammesführer?" fragte ich Bachid.

„Nein, das ist so", Bachid grinste süffisant, „wenn der Mann auch nur einen Funken Anstand besitzt, wird er bloß ganz wenig essen. Glaub mir, wenn wir uns gemeinsam die Mahlzeit teilen würden, dann hätte der Kerl mit seinen großen Pranken so viel Brei in sich hineingeschaufelt, daß alle anderen nicht satt geworden wären."

Ganz schön raffiniert ausgedacht!

„Vergiß nicht", warf der Chabir ein, „der Mann ist ein Kabbaschi. Der traut uns genauso wenig wie wir ihm. Vielleicht hat er sogar Angst, daß wir den Brei vergiftet haben!"

Der Trick des Chabir erwies sich als voller Erfolg. Verstohlen lugten wir zu dem Kabbaschi hinüber und sahen, wie er sich bereits die Hände abspülte. Er hatte nur einen kleinen Happen gegessen, unsere Mittagsmahlzeit war gerettet.

Der Mann hatte das ungastliche Manöver natürlich durchschaut, er rückte den Sattel zurecht, murmelte noch einen geheuchelten Segenswunsch und ritt seiner Karawane hinterher.

Unsere große Herde kam erheblich langsamer voran als die kleine Kababisch-Karawane, und wir haben sie nie wieder zu Gesicht bekommen.

Den mittäglichen Weideplatz hatten wir bald hinter uns gelassen und ebenso schnell vergessen. Die rauhe Wirklichkeit der sturmgefegten Wüste machte uns schon genug zu schaffen. Ganz anders die Kamele. Immer wieder blieb eins stehen und schaute sich um. Mit traurigen Augen stierten die Tiere zurück, wo die fetten Wiesen langsam, aber sicher für immer entschwanden. Gedankenverloren mahlten ihre Kiefer, als kauten sie auf dem Nachgeschmack der leckeren Kräuter herum.

Die Treiber zeigten absolut kein Verständnis für die wehmütigen Erinnerungen der Kamele.

„Vorwärts, vorwärts!" spornte der Chabir die Männer an. „Prügelt den Viechern die Flausen aus dem Schädel, sonst marschieren die heute nacht geschlossen zurück!"

Es ging auf Mitternacht zu, und der Chabir machte noch immer keine Anstalten ins Wadi Milk abzubiegen. Der Wind frischte zum Sturm auf, und durch Windjacke und Pullover drang die Kälte bis auf die Haut.

„Kommt ein Habub (Standsturm) auf?" rief ich Suleiman zu, dem ich nach mehreren vergeblichen Versuchen endlich eine Zigarette angezündet hatte und nun hinüberreichte.

„Nein!" schrie er zurück. „Um diese Jahreszeit gibt es hier nur selten Sandstürme!" Und dann hetzte er hinter einem dunklen Schatten her, der aus der Herde ausgeschert war.

Plötzlich und unerwartet kam die Karawane zum Stehen. Die Männer sprangen von den Kamelen und wieselten zwischen den Tieren umher.

Was hatte denn das nun wieder zu bedeuten?

Ich blieb im Sattel sitzen und versuchte mit übermüdeten Augen das seltsame Gehabe zu enträtseln. Bei dem matten Mondlicht war nur wenig zu erkennen, aber es sah so aus, als würden die Kamele gefesselt. Doch das konnte ja nicht sein! Hier auf der freien Wüstenebene, wo es für die Tiere nichts zu fressen gab?!

Der Chabir kam auf mich zugeritten.

„Willst du die Nacht auf dem Kamel zubringen, Aga?"

„Schlagen wir denn hier das Lager auf?" fragte ich verstört. „Warum reiten wir nicht ins Wadi Milk hinunter?"

„Das Wadi Milk gibt es nicht mehr!" lachte Mohamed Ali.

Der Kerl wollte mich wohl veralbern! Auf meiner Karte verlief das Wadi deutlich bis hin zum Nil! Betrunken war der Chabir jedenfalls nicht, der Schnapskanister baumelte schon seit Tagen leer am Sattelknopf.

Es wurde eine ungemütliche Nacht. Staubfeiner Sand fegte über den Boden, drang in die Augen und verklebte Mund und Nasenlöcher. Auch die Kälte spürte ich von Nacht zu Nacht mehr, denn meine Gewohnheit, während der schlaflosen Nächte eine Zigarette nach der anderen zu rauchen, hatte dazu geführt, daß die glühende Asche Dutzende von Löchern in den Schlafsack gebrannt hatte, durch die jetzt der Wind pfiff.

Als die Karawane sich am Morgen sammelte, gab Mohamed Ali mir ein Zeichen, daß ich ihm folgen sollte. Wir ritten etwa einen Kilometer, bis wir auf dem Scheitelpunkt der gewölbten „Rollbahn" standen und freien Ausblick nach Nordwesten hatten.

Ich traute meinen Augen kaum. Eine gewaltige Felswand türmte sich dort auf. Eine Falaise, wie man in den französischsprachigen Saharagebieten diese Steilabbrüche nennt. Wir standen am Anfang der Falaise, die sich nach Nordosten bis über den Horizont hinaus fortsetzte, mit einer glattgeschliffenen, wie mit dem Lineal gezogenen Oberkante.

200 km lang ist die Felswand des Djebel Ain

„Djebel Ain!" Der Chabir deutete mit dem Kopf nach vorn und ließ den Blick langsam über die Felswand schweifen.

„Dahinter, weit dahinter, da liegt Ägypten."

„Aber wo zum Teufel ist das Wadi Milk?" fragte ich verdutzt.

„Dort, und dort, und dort!" Er zeigte mit dem Finger auf ein paar kümmerliche Büsche, die vom imposanten Panorama der Falaise fast verschluckt wurden.

„Das ist der Unterlauf des Wadi Milk", erklärte Mohamed Ali, „ein einzelner Reiter findet zwar immer noch genug Futter, aber für eine Karawane ist das Wadi Milk jetzt nutzlos."

Die Doppel-Karawane

Die Falaise des Djebel Ain erstreckte sich über eine Länge von 200 Kilometern. Sie versperrte uns den direkten Weg nach Dongola, denn durch die Hunderte von Metern hohe Steilstufe gab es kein Durchkommen.

Im wechselnden Tageslicht schimmerte die Felswand in immer neuen Farben. Die Strahlen der Morgensonne verwandelten die Falaise in eine blutig-orangefarbene Feuerwand, deren Leuchtkraft von Stunde zu Stunde nachließ, bis am Nachmittag die Farbenpracht total umschlug und den Fels in funkelndes Blau tauchte, ehe er in der Dämmerung wie ein schwarzes Ungetüm den Horizont verdunkelte. Die Flanken der Wand waren mit Sandflächen bedeckt, deren weiche Schattierungen, von goldgelb bis schneeweiß, das Farbenspiel wirkungsvoll kontrastierten.

Die Sandplaine der Rollbahn veränderte sich. Weit geschwungene Anhöhen wechselten mit jähen, tief eingeschnittenen Dünentälern, in deren Gassen Gesträuch aus dem scheinbar toten Boden sproß.

Der Chabir hockte auf seinem Kamel, als ob er schliefe. Ab und zu schlug er in langsamen, sparsamen Bewegungen dem Tier die Peitsche an den Hals. Wie einer, der im Halbschlaf tapsig eine Fliege verscheucht. Doch das sah nur so aus, in Wirklichkeit war der Chabir hellwach. Ihm entging nichts, seine Sinne registrierten jede Kleinigkeit. Stundenlang hatte er stur nach vorn geblickt, doch mit einem Male richtete er sich auf, rief ein Aufmerksamkeit heischendes „Yiii!" und wies mit dem Arm schräg nach hinten.

Wir sahen in die angezeigte Richtung, und der Anblick versetzte die Männer in helle Aufregung. Schon wieder eine Karawane! Aber was für eine! Das war nicht so ein kleiner Kameltrupp wie der des Kabbaschi von vorgestern. Obwohl sie nur als kleine Punkte auszumachen waren, sah sogar ein so ungeübtes Auge wie meines, daß diese Karawane größer sein mußte als die unsrige. Die Karawanen-Rollbahn machte ihrem Namen wirklich alle Ehre.

Jetzt hatten wir zwei Bezugspunkte – die Falaise zur linken und die fremde Karawane im Nacken.

Wiederum ein langer Nachtritt. Aber das sollte sich, um es vorwegzunehmen, auf den Wüstenetappen bis zum Nil auch nicht mehr ändern.

Die nächtliche Stille wurde von spitzen, schrillen Schreien des Chabir unterbrochen. Er versuchte, mit der fremden Karawane Kontakt aufzunehmen. So wie der Kapitän eines Schiffes bei schlechter Sicht das Nebelhorn tutet, so warnte der Chabir die andere Karawane, damit die beiden Kamelherden auf Distanz blieben und nicht im Dunkel der Nacht aufeinanderprallten. Seine Rufe verhallten ohne Echo, so wie auch zu uns kein Laut herüberwehte.

„Ist das auch eine Ägypten-Karawane?" fragte ich Bachid.

„Ja, alle großen Karawanen laufen durch bis nach Ägypten. Auf dieser Strecke triffst du nur Kamelherden an, die nach Kairo verkauft werden."

„Veranstalten wir jetzt ein Wettrennen zum Nil?" fragte ich gespannt. Der sportliche Aspekt der Situation kitzelte meine Nerven.

Bachid sah mich verständnislos an.

„Ein Wettrennen? Unsinn! Am Ende würden die Kamele zusammenbrechen und krepieren! Nein, wir müssen uns mit der Karawane da draußen vereinigen, sonst gibt es jeden Tag Streit um die Weideplätze." Dann lachte er und fügte augenzwinkernd hinzu: „Vielleicht haben die anderen auch noch Zucker."

Später kam Bachid noch einmal angeritten.

„Bist du bei guter Gesundheit?" lautete seine merkwürdige Frage.

Ich bejahte.

„Und fühlst du dich auch kräftig?"

Ich nickte zögernd. Erstens begriff ich nicht, worauf er hinauswollte, und außerdem fühlte ich mich eher schwach und schlapp. Aber das brauchte keiner zu wissen.

„Dann ist es gut, denn heute nacht werden wir auf das Essen verzichten müssen!"

Ich hatte einen Scherz erwartet, und dann kommt der Bursche mit so einer Katastrophenmeldung an!

„Wie ist das möglich? Hat Abdallah den Proviantsack verloren?"

„Nein, wir haben kein Feuerholz!"

Die verdorrten Ästchen, die wir fanden, reichten gerade aus, um heißen Tee zu kochen. Aber die Männer nahmen es gelassen hin. Mohamed Ali hatte ihnen klargemacht, daß wir die ganze Nacht hätten durchreiten müssen, bis wir zu der nächsten Weidestelle mit genügend Feuerholz gekommen wären. Dazu hatte keiner Lust, dann schon lieber mit leerem Magen schlafen legen.

Was die Leute im Augenblick viel mehr beschäftigte, das war die Frage, wie sich wohl die fremde Karawane verhalten hatte. Würde sie in der Nacht an uns vorbeireiten und den Gewaltmarsch bis zum frühen Morgen auf sich nehmen oder hatte auch sie irgendwo in der Nähe Halt gemacht?

Die ganze Nacht hindurch tobte ein eisiger Sturm und rüttelte an den Sätteln, die uns als Windfang dienten, aber mit den ersten Sonnenstrahlen flaute er ab und legte sich schließlich ganz.

Ich half Abdallah bei der Suche nach Grasbüscheln und kleinen Zweigen. Das Ergebnis war mager, doch Küchenchef Abdallah zeigte sich ganz zufrieden. Das Brennmaterial reichte zwar nicht, um den Hirsebrei garzukochen, wohl aber, um einen schmackhaften Fladen Hirsebrot zu backen. Das Brot zerbröckelte er in die Eßschüssel und mengte die Stücke mit Öl zu einem festen Mus. Das schmeckte so gut, daß ich mich wunderte, warum Abdallah nicht schon eher darauf gekommen war, auf diese Weise etwas Abwechslung in unseren eintönigen Speiseplan zu bringen. Aber die Geschmäcker sind halt verschieden, und für einen echten sudanesischen Kameltreiber geht nichts über Hirsebrei mit Sauce.

In aller Frühe war Suleiman hinaus auf die Rollbahn geritten, um nach eventuellen Spuren der anderen Karawane zu suchen. Er kehrte mit negativem Resultat zurück, und der Chabir nickte befriedigt mit dem Kopf. Die Fremden mußten sich also noch hinter uns befinden.

Suleiman schlang die Essensreste, die wir ihm übriggelassen hatten, hastig hinunter, schwang sich sogleich wieder in den Sattel und ritt der Karawane entgegen, um dem dortigen Führer unser Angebot zu unterbreiten, daß sich beide Karawanen zusammenschließen sollten. Später hörten wir, daß er auf halbem Wege einem Kamelreiter begegnete, der mit dem gleichen Vorschlag zu uns unterwegs war.

Der Chabir drosselte das Tempo der Karawane. Alle paar Minuten sah ich nach rechts, um festzustellen, ob die fremden Kamele wieder auftauchen würden. Um die Mittagszeit fragte ich Bachid, wo die Karawane denn bloß bliebe.

Bachid wollte sich halb totlachen.

„Schau dich mal um!"

Tatsächlich, da kam die ganze Schwadron angezuckelt. Direkt hinter uns, auf den Spuren unserer Kamele.

Am frühen Nachmittag hatte die Karawane aufgeschlossen, und wir erreichten den Weideplatz, den der Chabir letzte Nacht erwähnt hatte. Die zweite Karawane wich mit ihren Kamelen seitlich aus, damit die weidenden Tiere sich nicht vermischten. Die Kamelleute kamen zu uns herübergeritten, um das erste gemeinsame Mittagslager zu beziehen.

Die Begrüßung fiel außerordentlich herzlich aus. Die beiden Karawanenführer waren alte Bekannte, und zwei der fremden Kameltreiber gehörten derselben Unterabteilung des Darhamid-Stammes an wie Bachid und Abdallah.

Die Karawane war im Auftrage eines Kamelhändlers aus En Nahud unterwegs und in Umm Badr gestartet, 100 Kilometer südwestlich von Abu Zaima. Umm Badr ist der zweite große Karawanen-Sammelpunkt in Kordofan. Er liegt inmitten der Kababisch-Kamelweiden, und wegen der kürzeren Wegstrecke nach Ägypten – zehn Tage Differenz zu Djireban – stellen einige Kamelexporteure ihre Karawanen gerne dort zusammen.

Unsere Umm-Badr-Karawane bestand aus 130 Kamelen und fünf Männern, die seit neun Tagen auf dem Marsch waren und einen deutlich frischeren Eindruck machten als wir.

Der Chabir hieß Beyin Sami. Er war ungefähr gleich alt wie Mohamed Ali, aber einen guten Kopf größer und von bulliger Statur. Der Mann strahlte eine strenge Autorität aus, unterstützt von einer gewaltigen Stimme, mit der man Mauern einreißen konnte. Wenn er seine Kommandos brüllte, schien die Erde zu beben, und die Kamele duckten sich verängstigt. Beyin war ein selbstgefälliger Mann mit einem ausgeprägten Hang zur Selbstdarstellung. Sein Humor war nicht jedermanns Sache, was heißen

Beyin, der Chabir der Umm-Badr-Karawane

soll, daß er seine bissigen Späße immer nur auf Kosten anderer
Leute trieb. Mohamed Ali fiel es am schwersten, sich auf Beyins
Spott einzustellen, und schon bei der Begrüßung bekam er eine
Kostprobe zu schmecken, die ihm wenig behagte.

Mit ausgestreckten Armen ging Beyin auf ihn zu.

„O Mohamed Ali, mein Freund, gesegnet sei der Prophet, daß das Schicksal uns hier zusammenführt!"

Mohamed Ali riß ebenfalls die Arme auseinander, was bei dem kleinen o-beinigen Kerl reichlich komisch aussah. Beyin hielt Mohamed Ali an den Schultern gepackt und sah mitleidig auf ihn herab.

„O Allah, du siehst krank aus! Deine Kleider schlottern dir um den Leib, deine Wangen sind grau und deine Augen ohne Glanz!"

Noch ehe sich Mohamed Ali von seinem Schrecken erholt hatte, fuhr Beyin ungerührt fort: „Dir ist wohl der Dattelschnaps ausgegangen, deshalb siehst du so elend aus!"

Dann drehte er sich um und sonnte sich im Gelächter der Männer.

Mohamed Ali Hamid war Beyins Stellvertreter. Hamid (um Verwechslungen zu vermeiden, will ich ihn bei seinem angefügten Stammesnamen nennen) war ein praktisch veranlagter Mensch mit handwerklichem Improvisationstalent. Einer jener Typen, die nur ein einziges Mal einem Automechaniker über die Schulter zu sehen brauchen, um die Funktion von Benzinpumpe oder Vergaser zu begreifen. Als Ausgleich war sein geistiger Horizont eng begrenzt, und von allen meinen Gefährten stellte er die dümmsten Fragen über die Welt außerhalb seiner Heimat.

Atrefi Hamid Sumain war der Koch. Zu meinem Bedauern teilten er und Abdallah sich fortan die Arbeit. Abdallah rührte den Brei, und Atrefi bereitete die Sauce. Und die gelang ihm nicht annähernd so trefflich wie unserem Abdallah. Aber Atrefi war ein so liebenswerter, höflicher und fürsorglicher Kamerad, daß ich es nicht übers Herz brachte, seine Kochkunst zu kritisieren. Gleich beim ersten Zusammentreffen hatte er mir wohlwollend auf den Bauch geklopft und gemeint: „Da gehört aber noch viel Hirsebrei hinein, sonst machst du schlapp, ehe wir den Nil erreicht haben!"

Hamid, Beyins Stellvertreter

Atrefi, der Koch

Der scheue Nassir

Der freche Sayid

Der vierte Mann hieß Nassir Salim. Ein scheuer Bursche, der sich immer abseits hielt und sich kaum zu Wort meldete. Beyin setzte ihn als „Ausputzer" ein, der alle Arbeiten übernahm, vor denen sich die anderen gerne drückten.

Mit seinen 19 Jahren war Sayid Mohamed Bella der Jüngste. Trotz seiner Jugend kräftig gebaut, breitschultrig und grobknochig. Der junge Sayid war ein schwieriger Typ. Er legte ein merkwürdiges Verhalten an den Tag, das unsere Karawanenleute verwirrte und einige Male aufs äußerste verbitterte. Solange Sayid auf seinen zwei Beinen stand, war er freundlich und hilfsbereit, aber sobald er im Sattel saß, wurde er ein anderer Mensch, arrogant und selbstgefällig, der unsere Männer wie kleine Schulbuben behandelte. Er trieb es so weit, daß Suleiman ihn einmal mit der Peitsche bedrohte. Erst jetzt, als die Streitereien in Gewalttätigkeiten auszuarten drohten, pfiff Beyin seinen rüpelhaften Kameltreiber zurück, und Hamid glättete die Wogen. Er nahm seinen Stammesbruder Bachid beiseite und gab ihm den Rat, Sayids Großmäuligkeit gar nicht zu beachten.

„Mit uns hat er das auch probiert. Als er aber merkte, daß wir nur über ihn gelacht haben, wurde er wieder normal, und seitdem führt er sich ganz manierlich auf."

Sayid trug modische Lederschuhe, ohne Schnürsenkel zwar, aber mit hohen Plateauabsätzen. Für einen Kamelritt das denkbar ungeeignetste Schuhwerk. Aber sie waren sein ganzer Stolz. Als ich die obligatorische Porträtaufnahme von ihm machte, zog er einen Schuh aus, da er ihn unbedingt mit aufs Bild bringen wollte.

In zwei Marschsäulen formierten sich die Karawanen für den Weitermarsch. Wir stellten uns vorne auf und ein paar hundert Meter dahinter die Umm-Badr-Karawane. Streng getrennt, damit die Kamele der beiden Herden nicht durcheinandergerieten. Eine Doppel-Karawane auf dem Weg zum Nil.

Dar al-Qarad – Das Land der Sandzecken

Man sollte eigentlich meinen, daß unter den lebensfeindlichen Bedingungen der Wüste der Mensch lästiges Ungeziefer nicht zu fürchten brauche, einmal abgesehen von den wenigen, verirrten Einzelgängern, die Reiter und Kamel in der Savanne aufgelesen haben und die sich nun in Fell, Körperbehaarung und Kleiderfalten „durchfuttern".

Doch im Wüstensand der Sahara hält sich ein kleines Teufelchen verborgen: die Sandzecke oder *Qarad*, wie meine Araber die Tierchen nannten. Stets traten sie in Bataillonsstärke an, um die „Festung Mensch" zu besetzen. In Disziplin und Taktik ähnelten sie einer gutgedrillten Truppe – Feind umzingeln und dann im Laufschritt angreifen.

Die kleinen Biester beherrschten die Lagerplätze. Sie saugten sich auf der Haut fest und waren wegen ihrer platten Körper nur schwer abzureißen oder mit langen Fingernägeln zu zerknacken. Und auch das nutzte wenig, einen Augenblick später hatte sich schon ein neuer Schmarotzer in der Wunde festgebissen.

Humphrey II und ich waren mit der Zeit zu einem verschworenen Team geworden. Wir verstanden uns prächtig. Ich redete gerne auf ihn ein, und er hatte sich an alle meine Tonlagen gewöhnt und die sprachlichen Nuancen zu unterscheiden gelernt. Humphrey II war vielleicht das erste saharische Kamel, das perfekt Deutsch verstand.

„Nu' mal los, Humphrey, sonst gibt's was an die Löffel!"

Und schon legte Humphrey sich ins Zeug, griff mit weiten

Schritten aus und signalisierte mit den zuckenden Ohren – Gut so?

„Humphrey, zack-zack, Attacke!"

Da ging ein Ruck durch den Kamelkörper, und er sauste ab wie die Feuerwehr. Graziös schmiß er die Beine nach außen, daß der Sand aufstiebte, und schlenkerte mit dem langen Hals, um nicht die Balance zu verlieren. Die Peitsche benutzte ich nur noch, um ihm zärtlich über den neckischen Haarwirbel zwischen den Ohren zu streicheln. Das machte ihn immer ganz verlegen, er wackelte mit dem Kopf und streckte die Ohren nach vorn, als ob er sagen wollte: Laß das, da bin ich doch so kitzlig!

Als wir mit der Umm-Badr-Karawane das erste Nachtlager errichteten, wurde mir schwindlig vor Angst. Die beiden Herden wurden zwar auch hier getrennt, aber auf so enge Tuchfühlung zueinander gebracht, daß ich für die Nacht das Schlimmste befürchtete. Die Trennlinie bestand lediglich aus zehn ausgestreckt daliegenden Menschen – unsere Leiber bildeten den Puffer zwischen den sich heftig befehdenden Hengsten aus beiden Lagern. Zweihundertdreißig Kamele, die nichts anderes im Kopf hatten, als sich gegenseitig totzubeißen. Ich war nahe daran zu resignieren, meinen Schlafsack zu packen und mich weitab, draußen in der Wüste zur Ruhe zu legen.

Am Ende tat ich es doch nicht, weil ich fürchtete, als Feigling ausgelacht zu werden. Daß es während all dieser Wochen nicht zu einem einzigen bösen Unfall gekommen ist, grenzt an ein Wunder. Beide Karawanenführer bestätigten mir, daß sie schon erlebt hätten, wie Kameltreiber zu Krüppeln getrampelt worden waren, und Beyin erwähnte sogar einen Todesfall.

„Was macht ihr mit einem schwerverletzten Mann?" fragte ich.

„Er wird aufs Kamel gebunden."

„Und wenn er nicht transportfähig ist?" Es kostete mich einige Mühe, das Wort „Transportunfähigkeit", das mir auf Arabisch nicht geläufig war, zu umschreiben. Um so mehr als die Männer mit dem Begriff nichts anzufangen wußten.

„Solange der Mann lebt, wird er mitgeschleppt. Was sonst? Sollen wir ihn in der Wildnis liegenlassen?!"

Jeden Morgen wechselten sich die beiden Karawanen in der Führung ab. Der Rollentausch war wichtig, um keine Benachteiligung an den sporadischen Grasweiden aufkommen zu lassen. Die zuerst eintreffende Herde konnte sich natürlich den besten Platz aussuchen, und mit dem täglichen Wechsel war ein gewisser Chancenausgleich gewährleistet.

Es war schon erstaunlich, daß diese ergiebigen Futterwiesen-Inseln überhaupt vorhanden waren. Sie schienen extra für die Karawanen gewachsen zu sein, denn ein Kamel kann zwar wochenlang ohne Wasser leben, aber nur wenige Tage ohne Futter bringen es bereits dem Tode nahe.

Die beißende Morgenkälte trieb die Männer aus den Sätteln, die frühen Stunden des Tages legten sie zu Fuß zurück. Mit meiner warmen Kleidung war ich besser dran, und ich betätigte mich als

Gerecht wurden die wenigen Grasbüschel zwischen den beiden Karawanen geteilt

Lumpensammler, wenn den reiterlosen Tieren häufig die Sattel-
decken herunterrutschten. Manchmal trabte ich mit drei oder vier
Decken und Segeltuchplanen beladen hinter der Karawane her
und hatte alle Hände voll zu tun, die aufgesammelten Ausrüstungsteile nicht selber wieder zu verlieren.

Die Karawane war merklich stiller geworden. Kein Baum, kein
Strauch mehr am Wege, der die Kamele ablenkte und zu Ausreiß-
versuchen provozierte. Die Tiere marschierten konzentriert vorwärts, und die markigen Anfeuerungsschreie ertönten immer
leiser. Die Kameltreiber schonten ihre Stimmbänder für die noch
bevorstehenden Streckenabschnitte durch die Dörfer und Felder
des Niltals. Nur das beruhigende „Yüg-Yüg! Yüg-Yüg!" war zu
hören, mit dem die Männer die Herde in gleichmäßigem Tritt und
Schwung hielten.

Unter den Umm-Badr-Kamelen war eines, das hartnäckig in
unserer Herde Anschluß zu finden suchte. Weder Prügel noch
wilde Verfolgungsjagden konnten es abhalten. Marschierten wir
vorne, kam es alsbald von hinten angetrabt; lief die Umm-Badr-
Karawane vorneweg, ließ es sich zurückfallen. Schließlich ver-
ständigten wir uns mit Beyin darauf, das Tier gewähren zu lassen.
Aus Mitleid, wie Bachid versicherte.

„Es hat keinen Freund bei den Kamelen dort drüben, und unser
Falbe mit dem großen schwarzen Fleck an der rechten Hinterhand
versteht sich gut mit ihm."

Das verschmähte Kamel erschreckte allerdings jeden Betrachter
durch seinen stechenden, hypnotisierenden Blick. Die Pupillen
waren farblich gespalten, sie schillerten in Gelb und Schwarz und
verbreiteten das gleiche Entsetzen wie das Monster in einem
Horror-Film. Wenn ich mich dem Tier näherte und diese unheimlichen Augen mich anglotzten, lief es mir kalt den Rücken runter,
und die meisten Kamele gruselten sich offenkundig genauso.

Seitdem wir uns im Wüstengebiet befanden, wurde allabendlich bei Sonnenuntergang eine Pinkelpause für die Kamele eingelegt. Nun kann ein Kamel genausowenig auf Befehl pissen wie ein Mensch, und die Männer mußten die Tiere schon geduldig und ausdauernd anfeuern. Zungenschnalzend ritten sie um die Herde und forderten die Kamele auf, Wasser zu lassen.

„Bul-bul! Bul-bul!" – „Nun pißt mal schön!"

Breitbeinig standen die Hengste da, gaben einen kräftigen, dampfenden Strahl von sich oder quälten sich ein paar armselige Tröpfchen heraus. Am Hinterteil der pissenden Kamele drängten sich andere und versuchten mit vorgeschobener Unterlippe etwas von dem Wasser zu erhaschen. Dann warfen sie den Kopf zurück, und mit weit geöffnetem Maul schluckten sie den Urin.

Auf die romantische Nachtbeleuchtung mußten wir nun verzichten, der Mond ging erst lange nach Mitternacht auf. Aber auch im blassen Sternenlicht waren die Silhouetten der Kamele gut gegen den Horizont auszumachen, und wir ritten wie bisher mehrere Stunden durch die Dunkelheit, bis es dem Karawanenführer einfiel, das Nachtlager aufzuschlagen.

Auf den Lagerplätzen gab es immer etwas zu tun. Hier repariert Bachid seine Ausrüstung

Eines Abends verwickelte mich Beyin in ein religiöses Streitgespräch. „Hodscha! Glaubst du an *einen* Gott?"

Da ich fleißig in meinem Tagebuch Notizen machte, redete er mich mit „Lehrer" (Hodscha) an.

„La illaha ila Allah!" – „Es gibt keinen Gott außer Gott!" bestätigte ich ihm in den Worten des islamischen Glaubensbekenntnisses.

„Und Mohamed ist sein Prophet!" murmelten die Männer ganz automatisch die zweite Zeile ihres Glaubensbekenntnisses.

„Ist Mohamed auch für die Christen ein Prophet?"

„Nein!"

„Aber Issa (Jesus), der ist doch für euch ebenso ein Prophet wie für uns Moslems?!"

„Nein, Issa ist Gottes Sohn!"

Einen Augenblick herrschte erstauntes Schweigen.

Ich sah den Männern an, daß diese ungeheuerliche Behauptung sie empörte.

„Wie kann Gott einen Sohn haben? Dann müßte er ja mit einer Frau zusammengewesen sein!"

Beyin sah triumphierend in die Runde. Meine Gefährten schüttelten entsetzt die Köpfe. Allein der Gedanke, daß Allah mit einer Frau zusammengewesen sein könnte, war schon Gotteslästerung!

„Gott ist allmächtig", beschwichtigte ich die aufgeregten Gemüter, „er hat es doch gar nicht nötig, eine Frau körperlich zu berühren."

Mir standen Schweißperlen auf der Stirn. Wenn Beyin hier nachfaßte, sah es übel für mich aus. Wie sollte ich diesen einfachen Nomaden einen so irrealen Begriff wie „Unbefleckte Empfängnis" verständlich machen?

Doch meine Begründung mit der Allmacht Gottes, der über den niederen menschlichen Dingen steht, leuchtete ihnen ein.

„Ja", meinte Beyin nachdenklich, „Allah vollbringt Wunder!"

„Stimmt es, daß die Christen Gott als ihren Vater bezeichnen?" lautete die nächste Frage.

„Ja, alle Menschen sind Gottes Kinder."

„Dann stellt ihr euch also mit Gott auf eine Stufe?!" Aus Beyins Stimme war Abscheu herauszuhören. Einem rechten Moslem mußten die Christen wie ein arrogantes, gottloses Pack vorkommen.

„Wie können wir seine Kinder sein, wenn Gott unser Herr ist?" bohrte er weiter.

„Wenn wir nicht seine Kinder sind, was sind wir dann?" fragte ich gespannt, in der Hoffnung, ihn jetzt in die Enge getrieben zu haben.

„Wir sind alle seine Sklaven!" rief er überzeugt aus, und die Männer nickten. „Ja, so ist es!"

Diese Antwort verschlug mir in ihrer spontanen Ehrlichkeit die Sprache. Krampfhaft überlegte ich, was ich darauf erwidern sollte, aber mir wollte nichts einfallen. Beyin hatte genau den Punkt getroffen, an dem mein eigenes Gottvertrauen ins Wanken geraten ist. Angesichts der Ungerechtigkeiten, der Kriege und Völkermorde auf dieser Welt können einen schon Zweifel plagen, ob da wirklich ein fürsorglicher Vater seine helfende Hand über die Menschheit hält.

Zwei Kamelhengste erlösten mich aus dem Verhör. Blitzschnell waren sie übereinander hergefallen, dem gleich daneben sitzenden Nassir in den Rücken getreten und durchs Feuer gestürmt, einen umgestürzten Kochtopf hinterlassend sowie den verdatterten Abdallah, der nur noch den Holzscheit in der Hand hielt, mit dem er gerade den Hirsebrei gerührt hatte.

Vier Tage lang hatte ich die scharf gezogene Oberkante der Falaise Djebel Ain bewundert. Nun begann die Felsmauer zu zerbröckeln.

Den bissigsten Hengsten wurde ein Stück Holz ans Maul
gebunden. So konnten sie noch fressen, aber nicht mehr zubeißen

Die glatte Wand löste sich auf in Schutt- und Trümmerhalden, zwischen denen wandernde Sicheldünen wie gestürzte riesige Vanillepuddings wundersame und unpassende Farbkleckse darstellten. Aufgestörte Gazellen hetzten in geschmeidigen, eleganten Sprüngen davon.

„Dort liegt der Paß, der uns zum Nil führt!"

Bachid zeigte mitten hinein in die Trümmerlandschaft.

„Schaffen wir den Paß heute noch?" Ich wies auf die tiefstehende Sonne, deren Rand bereits die Spitzen der Schutthalden berührte.

Bachid zuckte mit den Schultern.

„Das hängt nur von Beyin ab!" Seine Karawane bildete heute die Vorhut, und damit bestimmte er, wann und wo zum Nachtlager gehalten wurde.

Die Straße der toten Kamele

Die Sonne war längst untergegangen, als wir die Paßhöhe erklommen hatten. Die Schichtstufe des Djebel Ain, die auf der Ostseite so glatt und schier emporragte, erwies sich auf der rückwärtigen Westseite als ein wildzerklüftetes Konglomerat von Schutt und Sand. Der Wind von Jahrtausenden hatte den Fels zermürbt, der unablässig anstürmende Flugsand aus der Libyschen Wüste hatte ihn zerbrochen und zerbröselt. Das Gelände fiel stufenförmig ab und auf den Terrassen hatten sich Sicheldünen festgekrallt, die in der Dunkelheit wie Schneewehen glitzerten.

Im Windschatten des Djebel Matul, einer Felsenkette, die aus den Überresten der Falaise gewachsen war, ritten wir durch welliges, sandiges Terrain. Am Abend überquerten wir die Berge und lagerten an der Nordseite beim Brunnen Bir Matul. Die Akazien und Büsche, die der Brunnensenke den Hauch einer Oase verliehen, waren die letzte Vegetation vor dem 150 Kilometer breiten Wüstenstreifen, der uns von den fruchtbaren Gärten des Niltals trennte.

Den gesamten Vormittag ließen wir die Kamele auf der Buschweide, sie sollten sich noch einmal richtig sattfressen.

„Nur noch drei Tage bis zum Nil!" Der Chabir schlug mir auf die Schulter, als wollte er damit ausdrücken, daß er nie und nimmer geglaubt hätte, ich würde bis hierher durchhalten.

„Warum schneiden wir kein Futter für die Kamele?" Ich wollte

Am Brunnen von Bir Matul fressen sich die Kamele noch einmal satt

dem Chabir beweisen, daß ich schon wie ein alter Karawanenmann dachte und fühlte.

„Futter? Siehst du irgendwo Gras, das wir schneiden könnten?"

Ich sah mich um und ärgerte mich über meine idiotische Frage.

„Warum werden die Kamele nicht getränkt?" bohrte ich weiter, um die Scharte wieder auszuwetzen.

„Die Tiere haben noch keinen Durst, sie würden das Wasser unberührt lassen!" antwortete Mohamed Ali geduldig.

„Aber Beyins Männer tränken ihre Kamele!" entgegnete ich bockig, denn ich hatte Nassir mit einem Tier zum Brunnen marschieren sehen.

Mohamed Alis Gesicht wurde starr. Sein Verhältnis zu Beyin war gespannt. Der Grund für diese Verstimmung lag beim Führer der Umm-Badr-Karawane, der sich von Beginn an in den Vordergrund gespielt und als eine Art Ober-Karawanenführer aufgeführt hatte. So stellte er zum Beispiel manchmal einen seiner Männer ab, um unsere Leute beim Treiben der Herde zu unterstützen. Das sollte heißen: Seht her, bei mir läuft alles wie geschmiert, aber Mohamed Ali hat seine Karawane nicht im Griff! Eine ganz und gar überflüssige Hilfe, die unsere Leute als Beleidigung empfanden.

Anfangs hatten auch sie sich von der dröhnenden, deftigen Großspurigkeit Beyins blenden lassen, aber als sie merkten, daß er sich nicht nur über den Chabir lustig machte, sondern auch ihre Arbeit abwertete, scharten sie sich wieder enger um Mohamed Ali.

Die hinterhältigen Attacken auf unseren Chabir machten auch mir den Alten etwas sympathischer. Das hatte er nun wirklich nicht verdient. Und bei allem, was mich an ihm störte, die Art und Weise, wie er den Verzicht auf den Alkohol klaglos meisterte, nötigte mir Respekt ab. Seit fast zwei Wochen hatte er keinen Tropfen Schnaps mehr getrunken, aber er wurde damit in beeindruckender Gelassenheit fertig. Was ich auch immer gegen ihn vorbringen konnte, das imponierte mir!

„Schon möglich", entgegnete Mohamed Ali gleichgültig auf meinen Einwand, „daß Beyin ein paar Jungtiere dabei hat, die jetzt schon sehr geschwächt sind und getränkt werden müssen."

Ich gab die Fragerei auf. Ich merkte schon, daß ich heute nicht meinen besten Tag erwischt hatte. Der frühe Morgen hatte bereits mit Durchfall angefangen. Vom schmutzigen Wasser rührte die Darmverstimmung nicht her, ich kann unbeschadet aus jeder Pfütze trinken. Durchfälle sind bei mir Anzeichen von Erschöpfung. Eine Erfahrung, die ich auf meinen bisherigen berittenen Orient-Reisen immer gemacht habe. Wenn ich Durchfall bekomme, dann weiß ich, daß ich mit meiner Kondition am Ende bin, daß der Körper auf Reservetank umgeschaltet hat.

Nach dem explosionsartigen Durchfall am Morgen ging es mir nun wieder besser, und ich schlenderte zum Brunnen, der versteckt zwischen den Sanddünen lag. Die Anstiege im tiefen Sand fielen mir schwer, schon an der zweiten Düne wurde mir schwarz vor Augen, und ich fiel vornüber auf die Knie. Auf die Unterarme gestützt, wartete ich, bis der Schwächeanfall vorbei war. Auf allen vieren kletterte ich hinauf. Oben angelangt war mir speiübel, minutenlang holte ich schnaufend Luft. Mit staksigen Schritten wankte ich den Dünenhang hinab.

Ich überlegte gerade, ob ich mich hinsetzen oder tapfer die nächste angehen sollte, da zerriß es mir fast die Gedärme. Deckungslos, wie ich dastand, ließ ich die Hose fallen. Danach fühlte ich mich total ausgelaugt. Fast ohnmächtig rollte ich auf die Seite – nur ein bißchen ausruhen, um Kraft zu schöpfen für den Rückweg zum Lager.

Lautes Pfeifen schreckte mich auf. Nassir kehrte vom Brunnen zurück. Keine zehn Schritte entfernt ritt er an mir vorüber, aber er war viel zu sehr mit sich selbst beschäftigt, als daß er das Häuflein

Elend im Sand bemerkt hätte. Der Heimweg war ihm zu lang geworden, und er hatte sich auf das ungesattelte Kamel gesetzt, hockte nun hinter dem Höcker und umklammerte diesen mit beiden Armen. Das lange weiße Turbantuch hatte er als Zaumzeug und Zügel zweckentfremdet.

Der warme Sand tat mir wohl, ich spürte, wie neue Kraft meinen Körper durchströmte. Wie ich so dalag und langsam wieder zu mir kam, da fiel es mir ein: Hatlab (Feuerholz)! Ich hatte vergessen, Mohamed Ali zu fragen, warum wir keinen Vorrat an Brennmaterial mitnahmen. Ohne Holz kein Feuer, ohne Feuer kein Essen, und bis zum Nil waren es noch drei volle Marschtage. Hier am Brunnen Bir Matul war die letzte Gelegenheit, Feuerholz zu sammeln.

Mit einem Satz sprang ich auf die Beine und stand fest wie eine, nun ja, wie eine knorrige Akazie. Kein Schwindelgefühl mehr und keine Schwäche in den Knien.

Ohne Holz kein Feuer, ohne Feuer kein Essen

Aber meine Sorge wegen Feuerholz war unbegründet. Schon von weitem hörte ich die Axtschläge, mit denen die Männer Bäume fällten und die Äste zu transportfähigen Knüppeln schlugen.

Hinter uns lösten sich im Flimmern des Sonnenglasts die schlackefarbenen Hügel des Djebel Matul auf wie phantastische Luftspiegelungen. Wir passierten den Brunnen Bir al-Birensi. Das war nun wirklich die allerletzte Wasserstelle gewesen. Kein Baum, kein Strauch, noch nicht einmal ein paar Grasbüschel markierten das Wasserloch.

„Hier ist einmal ein Engländer umgebracht worden", wandte sich der Chabir an mich.

„Ermordet? Von wem?"

Mohamed Ali lachte mir ins Gesicht.

„Er hatte seinem Führer zu viele Fragen gestellt!"

Die Stille der Wüste umfing uns. So weit das Auge reichte, nur Geröllbrocken und ebener Sandboden, dessen Trostlosigkeit bedrückend wirkte. Auch keine ferne Bergkette, die einem Hoffnung machen konnte, daß auch dieses furchtbare Wüstenstück ein Ende haben mußte. Drei Tage nur noch bis zum Nil, aber drei entsetzlich lange Tage, in denen kein Fehler mehr passieren durfte. Ein falscher Handgriff, ein zu lässig verschlossener Wasserschlauch, und die Wüste wurde zur tödlichen Falle.

Ich fühlte mich matt und lustlos, die Durchfälle hatten mich doch sehr geschwächt. Nur nicht schlappmachen so kurz vor dem Ziel. Ich beobachtete die Männer, ob auch bei ihnen Anzeichen von Erschöpfung zu erkennen waren.

Suleimans kraftvolle Stimme bellte nur noch heiser, Abdallah prügelte kaum noch auf die Kamele ein und wirbelte höchstens andeutungsweise den Knüppel über dem Kopf, Bachid saß stumm und in sich gekehrt auf seinem Reittier. Nur der Chabir schien so

Die nächsten 150 km kein Baum, kein Strauch, kein Grashalm

frisch und ausgeglichen wie nie zuvor. Der erzwungene Verzicht auf den Dattelschnaps hatte Kräfte bei ihm freigesetzt, die durch den Alkohol verschüttet gewesen waren.

Uns allen gemeinsam war die zerrissene Kleidung. Und der strenge Gestank, den wir aber selber kaum wahrnahmen. Seit dem Start in Djireban hatten wir uns nicht mehr gewaschen.

Ganz unterschiedlich hatte die Kondition der Kamele gelitten. Die meisten standen trotz der Strapazen prächtig im Futter, und die Höcker, in denen das Fett gespeichert ist, waren prall und fest. Doch bei anderen Tieren hing er schon wie ein schlaffer Sack zur Seite, das Fell war stumpf und glanzlos, und ich konnte die Rippen zählen.

Noch immer humpelten ein paar beinverletzte Kamele am Ende der Karawane. Die Treiber nahmen keine Rücksicht auf die armen Invaliden. Die Tiere dauerten mich, sie schlugen sich so tapfer und am Ende wartete doch nur der Schlachthof auf sie.

Die beiden Karawanenführer steigerten das Tempo. Wir hetzten, als wäre der Teutel hinter uns her.

„Yalla! Yalla!" – „Vorwärts! Vorwärts!"

Es gab nichts zu fressen für die Kamele, gar nichts. Bis zum Nil mußten sie durchhalten, dort erst würden sie wieder Futter finden. Wir mußten zum Nil! Je schneller, desto besser.

Um Mitternacht stoppte der Chabir den irren Marsch. Als mein Kamel in die Knie ging, hätte es mich fast aus dem Sattel geworfen, so elend war mir zumute. Keine Kraft in den Armen, keine Kraft in den Beinen, jeder Muskel schmerzte, und mein Magen revoltierte. Allein schon der Gedanke ans Essen verursachte mir einen Brechreiz, und ich verweigerte die Abendmahlzeit. Aber da kam ich bei unseren beiden Köchen schön an.

„Den ganzen Tag im Sattel und dann nichts essen, wo gibt's denn so was?!"

Abdallah bereitete mir eine Diät.

„Du wirst sehen, eine Schüssel davon leerputzen und morgen bist du gesund!"

Die „Diät" bestand aus Hirsebrei, was sonst! Aber statt der würzigen Sauce kippte er einen ordentlichen Schuß pures Öl darüber. Ich brauchte eine Weile, um den Ekel zu überwinden und einen Bissen zu mir zu nehmen. Es schmeckte grauenhaft, bitter wie Medizin und so fettig, daß mir das Öl in den Bart tropfte.

Angewidert schob ich die Schüssel zur Seite. Unerbittlich stellte Atrefi sie wieder zwischen meine Knie. Ich nahm eine Handvoll und hielt sie dem hinter mir kauernden Kamel vors Maul. Neugierig kostete es davon, fuhr erschrocken mit dem Kopf hoch und schüttelte so energisch das Maul, daß mir der Brei nur so um die Ohren flog.

Die Männer waren längst mit ihrem Abendessen fertig, da kämpfte ich noch immer mit meiner Diät-Schüssel. Erst als ich die Hälfte geschafft hatte, zeigte sich Atrefi zufrieden und erließ mir den Rest. Ich stolperte in die Nacht hinaus und übergab mich.

Von Nordwesten her schoben sich Sanddünenketten vor. Wie ein wildbewegtes Meer brandeten sie heran, Wellental folgte auf

Wellental. Der steife Wind fächelte Sandschwaden wie gischtige Wellenkämme über die scharfkantigen Dünenhänge.

Unser Pfad war breit ausgetreten von den Karawanen, die Jahr für Jahr diesem Weg folgen. Weithin leuchteten die gebleichten Knochen der Kamelgerippe. Von Stunde zu Stunde wurden es mehr, und die Abstände von einem Knochenhaufen zum nächsten verringerten sich mit jedem Kilometer. Ein gespenstischer Marsch, Auge in Auge mit dem Tod am Wegesrand.

Manche Gebeine lagen so durcheinander wie ein Haufen Puzzleteile, andere waren so unzerstört und tadellos erhalten, als hätte ein pedantischer Archäologe die Überreste eines Dinosauriers säuberlich zusammengesetzt und auf Hochglanz poliert. Die Kamele kümmerte das Schicksal ihrer unglücklichen Vorgänger herzlich wenig. Ungerührt traten sie in die Gebeine, dann und wann bückten sie ihren langen Hals und berochen prüfend die verführerisch blinkenden weißen Knochen. Nur um die gut erhaltenen Gerippe machten sie einen Bogen, die waren offenbar auch ihnen unheimlich.

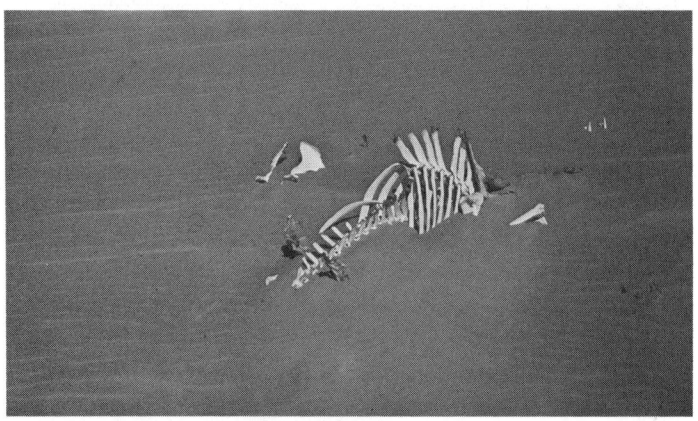

Kamelgerippe markierten die Route

„Der Nil! Der Nil!"

Die Kräfte der Kamele ließen rapide nach. Wenn die Tiere nicht täglich zu fressen bekommen, bauen sie schnell ab. Zwei Tage hatte es nun schon kein Futter mehr gegeben, und diese Hungerkur merkte man den Tieren an. Der Chabir entschied, daß alle Männer ihre Reitkamele wechseln sollten. Es tat mir aufrichtig leid, mich von Humphrey II trennen zu müssen. Knapp drei Wochen hatte er mich geduldig getragen und war mir ein aufmerksamer Zuhörer gewesen, der bei jedem Wort artig die Ohren zurücklegte und willig allen Befehlen folgte, mochten sie einem Kamel auch noch so sinnlos erscheinen. Wie sollte Humphrey II zum Beispiel begreifen, daß er im Schnellgang der Karawane vorauseilen mußte, nur weil ich die Herde von vorn fotografieren wollte, oder er sich auf der Stelle gegen den Wind drehen sollte, damit ich mir eine Zigarette anzünden konnte?

Humphrey III war ein übler Geselle.

Ein richtiger Kraftprotz. Groß und stämmig gebaut, mit einem Höcker, der einer monströsen Verwachsung ähnelte. Auf den ersten Blick war Humphrey III ein Kamel so recht nach dem Geschmack der Nomaden, und auch ich reckte stolz die Brust, daß mir der Chabir ein solch edles Tier anvertraute. Daß er sich allzu heftig gegen den Sattel wehrte, machte mich noch nicht mißtrauisch, aber als ich ihm die Zügelschlaufe über das Maul schob, da wurde ich stutzig, denn das Nasenfell war kaum beschädigt. Der Zügelstrick scheuert den Reitkamelen sehr schnell tiefe Kerben ins Fell, doch hier hatte er keine einzige Spur hinterlassen. Humphrey III war überhaupt noch nicht eingeritten! Ich winkte Mohamed Ali herbei.

„Hast du kein anderes Kamel für mich?"

„Was willst du noch mehr, Aga? Es ist stark und schnell. Bei diesem Tier brauchst du keine Angst zu haben, daß es dir unter dem Hintern zusammenbricht!"

„Aber es hat noch nie einen Reiter getragen!"

„Das stimmt! Es ist etwas ungebärdig und wild, und der Vorbesitzer hat es deshalb nicht zum Reiten abgerichtet."

„Willst du, daß ich mir den Hals breche?"

Mohamed Alis Stimme wurde scharf.

„Die anderen Kamele sind zu schwach. Entweder du reitest dieses Kamel, oder du gehst zu Fuß, basta!"

Ich spürte, wie mir das Blut in den Kopf schoß. Hilflos ballte ich die Fäuste. Nur ruhig bleiben, redete ich mir gut zu, vollkommen sinnlos, mit diesem ungehobelten Patron Streit anzufangen.

Humphrey III war nicht nur bärenstark, er war auch ein Renner. Er brauchte nicht angetrieben zu werden, er marschierte ganz von allein im Eilschritt nach vorn. Die Spitze der Karawane, das war der Platz, den er beanspruchte. Und immer mitten durch die Herde! Die Karawane außen herum zu überholen, war nicht sein Stil. Wie ein Bulldozer pflügte er sich durch den Kamelpulk – hoppla, jetzt komm ich! Aber *in* der Herde hat ein Kameltreiber genausowenig etwas zu suchen wie ein Gentleman auf dem Damenklo. Unbeabsichtigt trieb ich die Tiere auseinander und erschwerte den Gefährten die Arbeit.

„Mach daß du da rauskommst, verdammt noch mal!" schrie Bachid mich an.

Der hatte gut reden! Ich wollte ja außen reiten, aber wenn ich nur einen Augenblick nicht aufpaßte, boxte mein Humphrey schon wieder die ersten Kamele zur Seite. Ich führte ihn ganz kurz, den Zügel mehrfach um die linke Hand gewickelt, und nach einem halben Tag hatte ich das Gefühl, als wäre mein Arm abgerissen.

„Du darfst ihm nichts durchgehen lassen", belehrte mich Abdallah, „gib ihm die Peitsche für jede Widerspenstigkeit!"

Ich beherzigte den Ratschlag. Das einzige, was dabei herauskam, waren starke Schmerzen im anderen Arm. Er begriff gar nicht, wofür er die Hiebe bezog, ich glaube sogar, er fühlte sich ungerecht behandelt. Vier Wochen lang war er geprügelt worden, wenn er nicht schnell genug lief, und nun rannte er wie ein Windhund und bekam auch dafür Schläge.

Ich gab meine Erziehungsversuche auf und fand mich damit ab, daß in unserer vertrackten Zweierbeziehung mein Kamel die dominierende Rolle spielte.

In der Nacht kamen wir zum ersten Male wieder mit der Zivilisation in Berührung. Der Nil war zwar nahe – morgen mittag werden wir dort sein, hatte Mohamed Ali behauptet – aber in der nächtlichen Wüste war dies wie eine Begegnung der unheimlichen Art.

Zunächst waren mir die Lichter vor uns gar nicht aufgefallen, denn in der klaren Wüstenluft strahlten die Sterne dicht über dem Horizont ebenso hell wie der Orion, der hoch über unseren Köpfen ein vertrauter Begleiter der Karawane war. Doch dann bewegten sich die Sterne vor uns, sie verschwanden, tauchten wieder auf, wurden erneut von der Nacht verschluckt, um gleich darauf an einer anderen Stelle aufzuleuchten.

Ich ritt zu Bachid, um zu hören, was er von den seltsamen Lichterscheinungen hielt.

„Arabiya (Auto)! Ein Lastwagen-Konvoi!" antwortete er, verwundert über mein Unwissen. Von einem Mann aus dem Autoland Europa hatte er eine so dumme Frage nicht erwartet.

„Autos? Wo fahren die hin? Was gibt's denn dort draußen in der Wüste?"

„Sie fahren nach El Atrun!"

Die Salzminen von El Atrun. Einer der abgelegensten Orte in

der Sahara, 600 Kilometer von den nächsten menschlichen Ansiedlungen entfernt – dem Nil im Osten, Darfur im Süden oder den Ennedi-Bergen im Westen. Ziel vieler Karawanen, die dort im Winter Salz laden für die Viehherden in den Savannen Afrikas. Aus Kordofan kommen sie, aus Darfur und aus dem Tschad. Sogar in der tausend Kilometer entfernten ägyptischen Charga-Oase habe ich Salzkarawanen aus El Atrun gesehen.

Mittlerweile waren die Lastwagen nähergerückt, die Lichtkegel der Scheinwerfer kreuzten unseren Weg. Aber nichts war zu hören, das schlurfende Stampfen der Kamelhufe verschluckte das Motorengedröhn. Wie geisternde Irrlichter zogen die Lkws ihre Bahn, bis sie uns passiert hatten und für immer verlöschten.

Ich war gespannt, wie sich das Niltal dem Wüstenwanderer präsentieren würde und malte mir das Bild in leuchtenden Farben aus – ein dunkelgrünes Band am Horizont, das langsam in hochstämmige Palmenhaine und liebliche Lehmdörfer übergeht.

Doch die Wirklichkeit war viel nüchterner. Das erste, was wir zu Gesicht bekamen, war die Telefonleitung von Omdurman nach Dongola. Der Anblick der glatten Masten und Drähte dämpfte meine romantische Vorfreude. Ich war enttäuscht und fühlte mich betrogen. Der Wind pfiff in den Drähten, als wir darunter entlangritten. Bachid hielt sich einen imaginären Telefonhörer ans Ohr und rief: „Hallo! Hallo!" Suleiman am anderen Ende der Karawane tat dasselbe und die beiden „telefonierten" miteinander. Ein Mordsspaß für diese einfachen Gemüter.

Aber dann war es endlich soweit, das grüne Band der Nilgärten kam in Sicht. Meine Begleiter erhoben sich in den Sätteln und starrten nach vorn.

„Al-Bachar! Al-Bachar!" – „Der Fluß! Der Fluß!"

„Al-Bachar an-Nil!" korrigierte ich Abdallah.

„Al-Bachar hä?"

In Kordofan gibt es keine Flüsse oder Bäche, nur die ausgetrock-

In der Ferne das grüne Band des Niltals

neten Flußläufe der Wadis. Der Nil ist der einzige Strom, den sie kennen, und so nennen sie ihn einfach nur „der Fluß".

Gelblich-graue Häuser und Gehöfte schälten sich aus dem Grün, und zwei spitzkegelige Berge ragten aus dem Palmenwald heraus.

„Ist es noch weit von den Bergen bis zum Nil?" erkundigte ich mich beim Chabir.

„Die Berge liegen bereits jenseits des Flusses!"

Tatsächlich, wir hatten die ersten Büsche und Palmen passiert, noch eine sandige Anhöhe hinauf, und da lag er auch schon vor uns: der Nil, der majestätische Nil! Der Vater der Ströme!

Das Wasser war von einem so kräftigen Blau, daß die Männer fast erschrocken ihre Reittiere durchparierten. Wie gebannt starrten sie hinunter. Wie das im Sonnenlicht funkelte und perlte! In spitzen Schreien machten sie ihrem Entzücken Luft. Sie kannten ja nur das bräunliche, trübe Wasser aus den Wüsten- und Savannenbrunnen.

„Der Nil! Der Nil!"

Die Kamele waren nicht mehr zu halten. Wie eine Horde badewütiger Kinder preschte die Meute die Uferböschung hinab und rauschte ins Wasser. Was für ein Anblick! 230 Kamele, die sich halbverdurstet in den Nil stürzen!

Ich versuchte, Humphrey III zum Stillstehen zu veranlassen, um diesen Moment mit der Kamera festzuhalten, aber der Bursche wollte natürlich auch ins Wasser. Zwischen uns entspann sich ein zähes Gerangel. Ich riß den Zügel so rabiat zurück, daß sein Kopf fast meine Brust berührte und klemmte den Zügelstrick hinter den Ellbogen. Humphrey konnte weder vor noch zurück, aber er wand sich wie ein Aal, kämpfte und zerrte, drehte sich, bockte und brüllte wie am Spieß. An Fotografieren war überhaupt nicht zu denken! Ich lockerte den Zügeldruck und gab ihm das Kommando zum Niederknien. Doch das verstand mein famoses Reitkamel auch wieder falsch. Unwillig knickte es mit den Vorderbeinen ein, verlor endgültig die Geduld mit mir und rutschte auf Knien dem Wasser zu.

Ich befand mich in der unglücklichsten Reitposition, die man sich vorstellen kann. Und dann auch noch eine steile Böschung hinab! Ich saß nicht mehr im Sattel, ich hing kopfüber waagerecht in der Luft. Mit einer Hand hielt ich mich am Sattelknopf fest, mit der anderen versuchte ich die Kamera loszunesteln. Hilflos wollte ich mich auf Humphreys Hals abstützen, was mein Kamel aber sofort dazu veranlaßte, den Kopf zur Seite zu drehen, so daß ich ins Leere griff. Wie ein Kartoffelsack plumpste ich auf den Boden, hielt mich aber immer noch am Kamerariemen fest. Humphrey III schleifte mich ein paar Meter mit, dann gelang es mir, den Trageriemen der Kamera über den Sattelknopf zu ziehen und den Fotoapparat schützend an mich zu reißen. Mit der linken Schulter landete ich auf den Kieselsteinen im seichten Wasser. Eigentlich hatte ich mir ja vorgestellt, daß ich dem Nil in der stolzen Pose des Eroberers entgegentreten würde!

Die Kamele schubsten sich gegenseitig in den Fluß, um an das köstliche Naß zu gelangen. Seit der letzten Tränke am Brunnen Deid as-Sayid waren vierzehn Tage verstrichen. Zwei Wochen, in denen sie sich mit trockener Wüstenflora begnügen mußten und über die Nahrung nur wenig Flüssigkeit aufnehmen konnten.

Bachid und Abdallah fanden ebenfalls Gefallen an den langsam strömenden Wassern des Nil. Splitternackt planschten sie in der warmen Brühe und ließen die Wellen genußvoll über ihren ausgedörrten, schweiß- und schmutzverkrusteten Körper plätschern.

Die anderen Männer konnten einem Bad im Nil keinen Geschmack abgewinnen. Kopfschüttelnd sah Suleiman dem Treiben der beiden Brüder zu, schnappte sich die Gerbas und füllte unseren Trinkwasservorrat auf, sinnigerweise unterhalb der Kameltränke.

Der schwierigste und gefährlichste Teil der Strecke lag jetzt hinter uns. Doch die Freude darüber wurde rasch getrübt durch die

Gierig saufen die Tiere das Nilwasser

Fliegen, die den Aufenthalt am Ufer zur Tortur machten. Sobald die Kamele sich sattgesoffen hatten, trieben wir sie die Böschung wieder hoch, und die beiden Karawanenführer beratschlagten, welche Herde welches Wäldchen als Futterplatz bekommen sollte.

„Eigentlich hätten wir sie zuerst weiden müssen", erklärte mir der Chabir, „es ist nicht gut für die Kamele, wenn sie sich den leeren Bauch mit Wasser vollschlagen. Das macht sie schwach und träge. Aber das Futter steht zu dicht am Ufer, wir hätten sie doch nicht vom Saufen abhalten können!"

Aus den Palmenhainen kam uns ein Mann entgegengerannt. Die einem Nachthemd ähnliche Djellabiya tanzte ihm um die Beine, er fuchtelte mit den Armen und kämpfte mit dem Turbantuch, das sich aufgelöst hatte und wie ein Kondensstreifen hinter ihm herflatterte.

Mit einem zornigen Redeschwall überschüttete er die Karawanenleute. Er war so aufgebracht und sprach so schnell, daß ich kaum die Hälfte verstand. Nur so viel war mir klar – der Mann war der Scheich und verbot uns, mit der Herde durch sein Dorf zu ziehen.

„Eure Kamele, Allah verdamme diese bockigen Geschöpfe, werden unsere Felder zertrampeln! Neulich erst sind zwei Ziegen unter die Hufe geraten! Ihr bringt nur Unglück über das Dorf!"

„Ist ja gut!" sprach Beyin beruhigend auf den Mann ein, „wir wollen doch nur die Kamele weiden!"

„Nein!" keifte der Scheich. „Haut ab! Verschwindet! Eure Männer verderben die guten Sitten!"

Ich horchte auf. Na klar, das war's, warum die Bauern von Cheleiwa so wütend auf die Karawanen waren! Die Karawanentreiber waren dafür bekannt, daß sie keine Frau in Ruhe lassen konnten.

Die von beiden Seiten erregt geführte Diskussion zog sich noch ein Weilchen hin. Auch der Hinweis, daß die Tiere seit drei Tagen nichts mehr gefressen hatten, konnte den Scheich nicht umstimmen. Was gingen ihn fremde Kamele an, wenn die Ehre der Frauen auf dem Spiel stand!

Unverrichteterdinge marschierten wir wieder Richtung Wüste ab. Ich ritt an Mohamed Alis Seite.

„Warum lassen wir uns das gefallen?"

Der Chabir schüttelte den Kopf.

„Nichts zu machen! Der Kerl hätte die Polizei auf uns gehetzt!"

Alte Karawanen-Herrlichkeit! Das hätte sich der Scheich mit den Großvätern meiner Leute nicht erlauben dürfen! Die hätten das Dorf in Schutt und Asche gelegt, wenn ihnen einer frech gekommen wäre!

Der Sand aus der Wüste setzt den Niltalbewohnern schwer zu. Sanddünen hatten die verlassenen Häuser eines ganzen Stadtviertels überflutet und die Mauern eingedrückt. Nur der Gebetsturm der Moschee ragte trutzig aus dem Schutt. Ein paar Jahre noch, dann wird der Sand auch dieses Minarett zum Einsturz gebracht haben.

Um den schmalen Vegetationsstreifen am Ufer optimal für ihre Felder nutzen zu können und wohl auch als Schutz vor der Fliegenplage hatten die Einwohner von Cheleiwa das Dorf ursprünglich draußen am Wüstenrand errichtet. Doch vor dem Vordringen der Sandmassen haben sie weichen müssen und die Häuser inmitten der Felder neu gebaut. Damit ging zwar kostbares Ackerland verloren, aber gegen die gewaltige Kraft der Wüste haben die Menschen keine Chance.

In Sichtweite der Dörfer ritten wir in die Nacht hinein. Die vielen Lichter in der Ferne (das Niltal ist weitgehend elektrifiziert) vermittelten mir ein Gefühl des Ausgestoßenseins. Dort war zum Greifen nahe das Paradies, ein Leben im Überfluß, dort gab es Orangen und Datteln, Tomaten und Bohnen, Brot und Zucker, Dattelschnaps und gute Weide für die Tiere. Doch die Karawane kämpfte sich hier draußen durch den Sand wie eine Horde Aussätziger. Müde und hungrig, mit schmutzigem Nilwasser in den Gerbas und dem Rest Hirsefegsel im Proviantsack.

Regungslos hockten wir um das Feuer und sahen Abdallah zu, wie er hingebungsvoll den Brei rührte. Das Schlimmste war überstanden und die Angespanntheit der letzten Wochen fiel von den Männern ab wie eine erstarrte Maske. Es kam keine Freude auf, der vierwöchige Ritt hatte alle zermürbt. Den Kopf auf die verschränkten Arme gesenkt schwiegen sie sich gegenseitig an. Dem lustigen Atrefi blieb es überlassen, die zerschlagenen Kameraden aufzumuntern. Verschmitzt grinsend fummelte er ein verknotetes Tüchlein hervor und schüttete den Inhalt in unsere Teegläser.

„Simsim (Sesam)!" jauchzte Hamid.

Glücklich wie beschenkte Kinder verrührten wir die Körner mit dem Tee zu einer kräftigenden Suppe. Genüßlich schmatzend schlürften wir die Gläser aus. Eine seltene Delikatesse für die wenig verwöhnten Gaumen der Kameltreiber.

Am Morgen bogen wir erneut, und diesmal endgültig, zum Niltal ab. Vom höhergelegenen Wüstenplateau blickten wir auf das Städtchen El Goled mit seinen weißgetünchten Häusern und Minaretts. Ein Bild wie aus Tausendundeiner Nacht. Ich hielt die Kamera bereit – noch waren wir zu weit entfernt, um den märchenhaften Anblick wirkungsvoll aufs Bild bannen zu können. Doch je näher wir kamen, desto weniger reizvoll präsentierte sich die Stadt. Die imposante Silhouette fiel in sich zusammen, die Türme und Kuppeln wurden von Ruinen, häßlichen Zweckbauten und Wassertürmen in den Hintergrund gedrängt.

Jetzt spürten auch die Kamele ihren Hunger. Die vereinzelten Büsche im Vorgelände machten die Tiere rasend. Mit nach vorn gebeugten Hälsen sprinteten sie gierig von einem Imbiß zum nächsten. Die Männer ließen die Kamele gewähren, die nun in

*Der mühselige Marsch führte nur an lauschigen Palmenhainen
(oben) und einsamen Heiligengräbern (unten) vorbei*

weitverstreuten Grüppchen dem Nil zustrebten. Am Stadtrand sammelten wir die Tiere wieder ein und führten sie in disziplinierter Marschordnung an den Häusern vorüber.

Die Ankunft der Karawane hatte die Kinder auf die Beine gebracht. Schreiend umschwärmten sie die Kameltreiber und streckten ihnen die geöffneten Hände entgegen. Die Männer fingerten Münzen aus ihren Taschen und warfen sie den kleinen Bettlern zu. Ich war darauf nicht vorbereitet und hatte absolut nichts griffbereit, was ich den Kindern hätte schenken können. Die Quittung bekam ich sofort, die lieben Kleinen überschütteten mich mit einem Steinhagel. Meine Karawanenleute trieben die Kinder schimpfend auseinander, aber auch ich mußte einen Tadel einstecken.

„Warum hast du ihnen nichts gegeben, Aga? Das ist so Sitte! Ein symbolischer Dank an den Fluß, weil er die Karawane aus der Wüste befreit hat!"

„Tut mir leid!" entschuldigte ich mich. „Aber ich habe nichts bei mir!"

Der Chabir schaute mich verächtlich an, wendete sein Kamel und murmelte etwas in seinen grauen Stoppelbart. Ich verstand nicht, was er sagte, aber es hörte sich an wie „Schäbiger Geizhals!"

Dar ad-Dubban – Das Land der Fliegen

Noch sechzig Kilometer bis Dongola. Ein Katzensprung, wenn ich an die hinter uns liegenden tausend Kilometer dachte. Die Ortschaften reihten sich dicht an dicht aneinander, und die beiden Karawanen marschierten wie feindliche Heerzüge durch die Dörfer. Bei den Bewohnern erfreuen sich die Karawanen keiner großen Wertschätzung. Die Gassen der kleinen Dörfer waren eng, und was im Wege stand, wurde gnadenlos niedergetrampelt.

„Die Karawane kommt!"

Dieser Schreckensruf eilte uns voraus, und die Leute brachten ihren beweglichen Besitz in Sicherheit. Hühner, Ziegen und Esel wurden hinter die schützenden Hofmauern verbracht und besorgte Mütter sammelten ihre Kinder ein.

Das Wissen, fast schon am Ziel angelangt zu sein, mobilisierte neue Kräfte in meinem ausgelaugten Körper. Die „Zweite Luft" nennt man das im Sportjargon.

Wenn nur nicht die verdammten Fliegen gewesen wären!

Wie eine Nebelwand hingen Myriaden von Fliegenschwärmen über dem Niltal. Kleine Quälgeister von der Art, die man bei uns Gewitterfliegen nennt. Ihre Brutstätten sind der Schlamm des abschwellenden Nilwassers, aus dem sie jeden Morgen mit der Sonne aufsteigen und Mensch und Tier bis zum Wahnsinn peinigen. Die Bauern tragen Moskitonetze über dem Turban, und die Jungen, die die Ziegenherden auf den Stoppelfeldern weiden, schleppen Rauchtöpfe mit sich.

Die stundenlangen Weidepausen auf den abgeernteten Feldern waren eine einzige Strafe. Wir wickelten uns die Turbantücher ums Gesicht, aber darunter wurde es schnell so heiß, daß ich zu ersticken glaubte. Alle Viertelstunde mußte ich die mit Fliegen zugeklebten Brillengläser putzen. Die Quälgeister hingen in Ohren und Augen, in den Nasenlöchern, und selbst durch die fest zugepreßten Lippen schlüpften sie. Zwischen meinen Zähnen knirschte das unappetitliche Ungeziefer wie Sandkörner.

Der trockenen Jahreszeit entsprechend war der Pegelstand des Nils sehr niedrig. Sandbänke und kleine Inseln teilten das träge dahinfließende Wasser. Nilbarken pendelten über den Strom und besorgten den Fährverkehr zu den Dörfern auf der anderen Seite. Ihre elegant aussehenden rechteckigen Segel bildeten einen scharfen Kontrast zu den verrotteten hölzernen Schiffsrümpfen.

Der Vegetationsstreifen am diesseitigen Ufer war manchmal keine fünfzig Meter breit. Da hatte ja sogar das Trockenbett des Wadi Milk mehr Grün aufzuweisen gehabt. Und jenseits wuchsen die Sanddünen der Nubischen Wüste bis ins Wasser hinein.

Die Karawane wurde von einem Schwarm weißer Kuhreiher begleitet. Sie hatten es auf das Ungeziefer im Fell der Kamele abgesehen und fanden reichlich Nahrung. Vor allem die Ohren der Kamele waren voll davon, ganze Kolonien fetter Raupen hatten sich dort eingenistet. Die Kamele ließen es willig über sich ergehen, daß ihnen die großen Reiher auf den Köpfen herumspazierten und die Ohren sauberpickten. Nur wenn sich einer – satt und müde von der üppigen Fresserei – auf einem breiten, flauschigen Kamelschädel zu einem Nickerchen hinsetzte, reagierten die Kamele unwirsch und schüttelten den Passagier ab.

Die Kuhreiher pickten den Kamelen das Ungeziefer aus den Ohren

Nomaden im allgemeinen und Karawanenleute im besonderen lassen am Wege nichts ungeprüft liegen. Sie sind Meister im Verwerten von Abfall und Schrott. Ihre eigenen Habseligkeiten sind so dürftig, daß das, was sie auf einem Müllplatz finden, oft immer noch besser ist als das, was sie besitzen.

Bachid hatte den weggeworfenen Schuh auf der staubigen Dorfgasse zuerst entdeckt. Behende sprang er vom Kamel und besah sich das Fundstück. Der Schuh war ausgetreten und die Außenseite aufgerissen. Genau besehen aber doch ein Prunkstück gegen sein eigenes Schuhwerk, das im Dornengestrüpp der Savannen arg gelitten hatte. Er schlüpfte mit dem Fuß hinein – paßte! Von nun an trug Bachid stolz zwei verschiedene Schuhe an den Füßen.

In allen Dörfern standen dickbauchige Wasserkrüge für durstige Passanten bereit. Die Krüge wurden von niedrigem Mauerwerk überschattet, und das Wasser schmeckte angenehm kühl.

Ich machte an einem solchen Wasserdepot halt und ließ mir von einem jungen Burschen einen Becher heraufreichen. Aber das paßte Humphrey III überhaupt nicht. Er war ein Herdentier und immer wenn ich ihn von den anderen Kamelen wegführte, machte ihn das überaus nervös und widerborstig. Ich mußte alle Kraft aufwenden, um ihn wenigstens so ruhig zu halten, daß ich den Becher zum Mund führen konnte. Humphrey drehte sich bockig zur Seite, er stampfte mit den Beinen und gurgelte böse. Der Junge machte einen erschrockenen Satz nach hinten und traute sich nicht, den leeren Becher in Empfang zu nehmen.

„Komm her, oder soll ich den Becher behalten?"

Vorsichtig trat der Junge einen Schritt heran, doch da begann Humphrey III auch noch zu brüllen.

„Hab keine Angst, das Kamel tut dir nichts!"

„Nein, nein!" wimmerte der Junge. „Wirf mir den Becher zu!"

In den Dörfern des nubischen Niltals gibt es nur wenige

Kamele. Und diese wenigen sind abgearbeitete, geschundene Kreaturen. Vor einem Reitkamel mit Feuer und Temperament haben die Fellachen Angst wie vor einem wilden Stier.

An einem dieser letzten Tage meiner Reise passierte auch mir etwas, wovon ein Reitersmann nur ungern und mit schamroten Ohren erzählt – Humphrey III ging mit mir durch. In dem Dörfchen Saleh geschah es, als wir die Herde durch die verwinkelten Gassen lotsten. Auf dem Dorfanger geriet der ganze Zug ins Stocken. Ein Haufen ausgebreitetes Heu, an dem sich ein paar Esel gütlich taten, hatte es unseren Kamelen angetan. Mit groben Fußtritten traten sie den armen Grautieren in die Beine, und die Esel hätten wohl nur zu gerne das Weite gesucht, aber sie waren angepflockt. Sie zappelten an den Fesseln und schrien um ihr Leben.

Die Treiber prügelten auf die Kamele ein, und aus den Häusern stürzten die Bauern und brüllten Zeter und Mordio. Immer mehr Kamele drängten nach, aber die vordersten kamen von dem kleinen Platz nicht weg, denn er mündete in eine enge, dunkle, mit Matten überdachte Gasse, vor der sich die Kamele fürchteten. Der Stau vor dem Nadelöhr wuchs von Minute zu Minute und überflutete bereits den mittlerweile plattgewalzten Heuhaufen. In einer waghalsigen Aktion gelang es Suleiman, die Pflöcke herauszureißen und die Esel zu retten.

Ich nahm die Kamera zur Hand, um das Chaos zu fotografieren, aber da geschah etwas Unerwartetes, was mich beinahe das Leben gekostet hätte – hinter einer der Hofmauern brach ein Kind in schrilles Weinen aus.

Die Wirkung des Geplärrs war beängstigend. Die Kamele gerieten in panischen Schrecken und stürmten in ungezügeltem Galopp in die Gasse hinein.

Na, das war ja was für meinen Humphrey! Er erwischte mich im ungünstigsten Moment: Zügelschlaufe locker über den Sattel-knopf gehängt, beide Hände an der Kamera, und obendrein hatte ich mich nach rückwärts gewandt, um den verzweifelt um sich schlagenden Suleiman vor die Linse zu bekommen. Das war die Situation, in der Humphrey III aus dem Stand heraus auf Höchst-geschwindigkeit beschleunigte.

Mit ausgebreiteten Armen, in der rechten Hand die Kamera, in der linken den nutzlosen Zügel, balancierte ich die wuchtigen Stöße aus, mit denen mich Humphreys Paßgalopp hoch in die Luft schleuderte, wobei ich entweder schmerzhaft auf dem Sattel aufprallte, oder beinahe vom Kamel stürzte. Es gab ja nichts, woran ich mich hätte festklammern können.

Mir blieb vor Angst fast das Herz stehen. Bloß nicht verkramp-fen! hämmerte es in meinem Kopf, immer schön locker auspen-deln! Wenn ich jetzt runterfalle, ist das das Ende! Die wirbelnden Hufe der Kamelmeute würden mich zertrampeln und meinen Leichnam bis zur Unkenntlichkeit verstümmeln. In diesen Augenblicken nackter Todesangst fiel mir nichts besseres ein, als Humphrey lauthals anzufeuern.

„Yiii! Yaua! Yiii! Attacke!"

Mein Geschrei war eine unkontrollierte, hysterische Fehlreak-tion. Ich brüllte meine Todesangst heraus und in vielleicht letzter, unbewußter, anerzogener Disziplin tat ich dies nicht in unartiku-lierten Schreien, sondern mit trotziger, idiotischer Bravour. Es war das „Hurra!" des Soldaten, wenn er ins feindliche Feuer läuft.

Der wahnwitzige Teufelsritt schien kein Ende zu nehmen. Über kurz oder lang würde ich die Kontrolle vollends verlieren und zu Tode stürzen.

Da endlich waren wir durch die Gasse hindurch, die Kamele trabten aus und sammelten sich am Ende des Dorfes.

Ich stand noch unter dem Schock des eben Durchlittenen, als Beyin herübergeritten kam. Er hatte gesehen, wie ich aus der

Tunnelgasse herausgeschossen war, und deutete mein Verhalten völlig falsch.

„Bei Allah, Hodscha, du reitest wie der Teufel!"

Das war ein großes Lob aus dem Munde eines Kamelnomaden.

Mir fielen wieder die Soldaten ein. Wie viele mögen ihre Tapferkeitsauszeichnung wohl bekommen haben, weil sie in einer haarsträubenden Situation kopflos das Falsche getan und einen Schutzengel gehabt haben?

Auch die Kamele flatterten noch vor Aufregung. Die erfahrenen Karawanenleute wußten, daß die Tiere an dieser Stampede keine Schuld traf, daß sie nur ihrer Angst gefolgt waren. Sie ritten von Kamel zu Kamel und sprachen leise und beruhigend auf sie ein.

Unruhe kam derweil von einer anderen Seite auf. Der Scheich näherte sich, umgeben von einer Handvoll Dorfhonoratioren, und verlangte einen finanziellen Ausgleich für den Flurschaden, den die Kamele angerichtet hatten. Die beiden Chabire waren nicht in der Stimmung zu feilschen. Nach kurzer Streiterei händigten sie dem Scheich fünfzig Pfund aus, und die ehrenwerten Dorfältesten zogen befriedigt von dannen. Abdallah notierte gewissenhaft die Summe in Mohamed Alis Schreibheft, und dann brachten die Männer die Karawane wieder auf Trab. Weiter ging's, dem nächsten Streit im nächsten Dorf entgegen.

Die Karawanenleute gingen aber auch keinem Ärger aus dem Wege. Sie machten keinen Hehl aus ihrer Abneigung gegen die Seßhaften. In ihren Augen war das fruchtbare Land viel zu schade, um darauf Äcker anzulegen. Was könnte man hier nicht alles an Viehherden weiden!

Sie waren zwar bemüht, die Kamele von Feldern und Hecken fernzuhalten, was nicht immer gelang, aber sich selbst legten die Männer keinerlei Beschränkung auf. Gaffer, die keinen Gruß entboten, wurden angepöbelt und wenn ein Fellache auch noch

Widerworte wagte, zischte ihm die lange Nilpferdpeitsche um die Ohren. Auf unseren hohen Kamelsitzen konnten wir mühelos über die Mauern in die Innenhöfe schauen und, ließ sich dort ein weibliches Wesen blicken, erschreckten unsere Leute die Frauen mit obszönen Zurufen. Kreischend verhüllten die Weiber ihre Gesichter mit dem Kopftuch, und der Lärm rief die Männer des Hauses auf den Plan. Sie reckten die geballten Fäuste.

„Zur Hölle mit den Karawanen!"

Zwei Tage vor Dongola starb eins der Kamele. Ein entkräfteter Hengst aus Beyins Herde. Prügel nützten nichts mehr, er fiel immer weiter zurück, und auch die Kamele unserer nachfolgenden Karawane konnten das zu Tode erschöpfte Tier nicht mehr mitziehen. Nassir begleitete es geduldig auf seinem letzten Gang. Nicht aus Fürsorglichkeit, sondern nur um zu verhindern, daß sich die Fellachen über das sterbende Kamel hermachten.

Die beiden waren schon weit hinter uns zurückgeblieben, als ein langgezogener Schrei aus Nassirs Kehle uns aufschreckte. Ich sah mich um. Das Kamel war niedergestürzt. Die Karawanen stoppten, und ohne großes Palaver verteilte Bachid sein Gepäck auf die übrigen Reitkamele. Ich begriff überhaupt nichts.

„Was ist los, Abdallah?"

„Das Kamel wird geschlachtet!"

Offenbar hatten die Karawanenleute schon am Vormittag gemerkt, daß es mit dem Tier zu Ende ging und sich während der Mittagsrast, als ich mit der Kamera unterwegs war, über die Prozedur verständigt.

Eilig ritt ich zu dem Kamel hin. Es lag auf der Seite, den Hals und alle viere von sich gestreckt. Als ich nähertrat, richtete sich das Kamel noch einmal auf. Wellenartige Zuckungen durchliefen den Körper, es keuchte schwer und blickte mit starren Augen durch mich hindurch. Das Tier litt unter qualvollen Schmerzen.

„Aber das Kamel lebt doch noch!" schrie ich Nassir an.

„Ja, noch!" antwortete er gleichgültig. Das leidende Tier rührte ihn nicht.

Ich ritt zurück. Bachid kam mir mit Hamid und Sayid entgegen.

„Es ist gar nicht tot!" plapperte ich aufgeregt. „Es leidet nur an einer Kolik!"

„Gewiß doch, eine Kolik!" lachte Bachid.

„Vielleicht kommt es wieder auf die Beine!"

„Nein!" sagte Bachid entschieden und wandte sich ab. Ich habe nie herausbekommen, ob das Kamel wirklich todkrank war oder ob die Karawane nur nicht warten wollte, bis das arme Vieh sich wieder erholt hatte.

Ich sah den drei Männern nach. Sie hatten sich allen Gepäcks entledigt, nur unter dem Sattel schauten ein paar leere Sackfetzen hervor. Während die Schlächter bei dem Kamel zurückblieben, trabten Nassir und ich der Karawane nach, die sich schwerfällig in Bewegung setzte.

Das war ein harter Job bis zum Nachtlager, denn die drei Treiber fehlten uns natürlich. Suleiman wurde zur Umm-Badr-Karawane abgestellt, Abdallah übernahm Bachids Position, und ich ritt am Schluß und hatte die Arbeit von zwei Kameltreibern zu verrichten. Jetzt konnte Humphrey III zeigen, was alles in ihm steckte, jetzt kam mir seine ungestüme Rennwut zunutze. Wie ein rasender Hirtenhund sauste ich um die Herde, war mal vorn, mal hinten, mal links, mal rechts. Und was die Stimmkraft anbelangt, übertraf ich die anderen Männer sowieso.

Die Dörfler staunten nicht schlecht. Mit offenen Mündern starrten sie mich an.

„He!" rief einer. „Seit wann werden die Karawanen von einem Christenhund geführt?"

Vor den Häusern brannten hohe Strohfeuer, und wir ritten durch dicke gelbe Qualmwolken. Wenn die Sonne sich neigt, ist es mit der Fliegenplage am ärgsten, und ohne die Feuer könnten sich die Bauern nicht auf die Gasse wagen, um bei einem Glas Tee mit dem Nachbarn den Feierabend zu beschwatzen.

Wir hatten das Nachtlager längst aufgeschlagen und warteten auf die Nachzügler. Ich klammerte mich an die vage Hoffnung, daß sie das Kamel doch noch auf die Beine gebracht hatten. Meine Gefährten dagegen erhofften sich ganz was anderes – Fleisch. Sie konnten es nicht mehr erwarten, sich den Bauch mit Kamelfleisch vollzustopfen.

Endlich hörten wir Stimmen, und die drei ritten in den Schein des Lagerfeuers. Ich sprang auf.

„Wo ist das Kamel, Bachid?"

Bachid lachte hart auf.

„Hier ist es!" Und dabei zeigte er auf die prallvollen, überquellenden Säcke, die an den Sätteln hingen.

Ich war zutiefst deprimiert. Die anderen konnten meine Traurigkeit gar nicht verstehen.

Fleisch! dröhnte Beyin. „Schau her, Hodscha, für zehn Tage Kamelfleisch, juuhuu!"

Zwei randvolle Töpfe wurden gekocht, und die Männer angelten mit gierigen Händen die heißen Fleischfetzen heraus. Kamelfleisch hat im Geschmack viel Ähnlichkeit mit Rindfleisch, aber mir wollte es nicht schmecken an diesem Abend. Wie konnte ich einen Bissen herunterbringen, wenn mich von allen Seiten die Augen der Kamele anblickten.

„Greif zu!" ermunterte mich Atrefi. „Oder soll ich dir wieder eine Diät kochen?"

Du lieber Gott, bloß das nicht!

Bis spät in die Nacht waren wir damit beschäftigt, die großen Fleischbrocken zu zerkleinern. Auf Steinen und Büschen wurden sie zum Trocknen ausgebreitet.

Das tote Kamel lenkte meine Aufmerksamkeit auf die körperliche Verfassung der übrigen Tiere, und zu meinem Entsetzen wurde ich gewahr, daß wir noch ein paar weitere Todeskandidaten mitschleppten. Einer von denen hatte uns in den allerersten Tagen mit seiner Beißwut so in Atem gehalten, daß wir ihn nachts sogar festbinden mußten. Jetzt war er nur noch ein Schatten vergangener Tage. Müde schlich er dahin, tat keiner Fliege etwas zuleide und fraß kaum noch. Früher hatte er alle Rivalen von den leckersten Blättern fortgescheucht, nun stand er einsam und verlassen da und wartete bis die Kamele einen Baum leergefressen hatten. Dann trottete er schwerfällig hin und begnügte sich mit dem, was die anderen übrig ließen.

Obwohl es im Niltal für die Tiere genug zu fressen gab, waren die drei Tage ohne Futter nicht wiedergutzumachen. Die Kamele, die jetzt starben, hatte der Tod bereits in der Wüste gezeichnet.

Die letzte Nacht im Kreise meiner Karawane. Schon sehr früh, gegen 4 Uhr nachmittags, sattelten wir bei dem großen Dorf Ad Tababir die Kamele ab. Es war ein anstrengender Ritt gewesen, wir hatten ein Dutzend Bewässerungsgräben queren müssen, was den Kamelen viel Geschicklichkeit und den Treibern viel Schweiß abverlangte.

In kleinen Grüppchen hockten die Männer um rasch entzündete Rauchfeuer und schnitten das Kamelfleisch in lange Streifen, die wir anschließend wie schmückende Girlanden in die Bäume hängten.

Noch vor Morgengrauen weckte mich der Chabir. Bis Dongola waren es noch zehn Kilometer. Die Karawane richtete sich auf eine Tagesrast ein, während die beiden Führer mit mir in die Stadt reiten wollten, um sich beim Karawanenagenten anzumelden, mich dort abzuliefern und den Proviant zu erneuern.

Abdallah stellte die Liste zusammen mit all den Dingen, die benötigt wurden – Hirse, Zucker, Datteln, Tee –, und Mohamed Ali rechnete die Kosten aus. Im Türkensitz saß er auf dem Boden

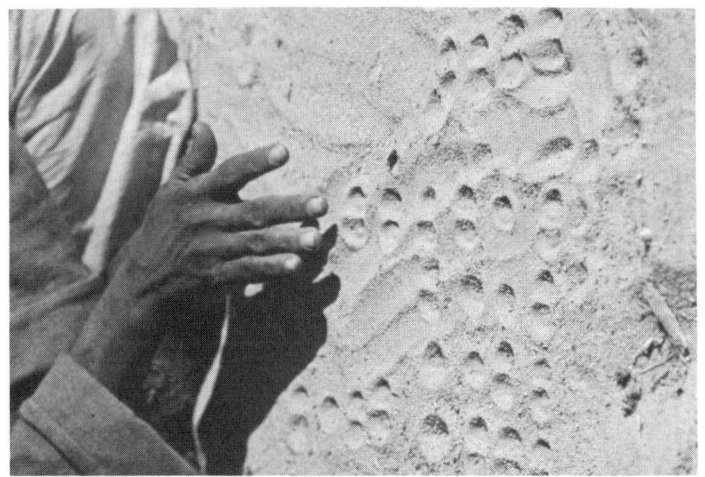

Die saharische „Rechenmaschine"

und drückte mit Zeige- und Mittelfinger Löcher in den Sand. Das ist die übliche Rechenhilfe der saharischen Analphabeten. Die Nomaden verstehen mit diesen geheimnisvollen Zahlenkolonnen im Sand brillant umzugehen, sie addieren und subtrahieren, multiplizieren und dividieren.

Der Abschied von meinen Weggefährten verlief kurz und schmerzlos. Der Chabir drängte derart zur Eile, daß ich, ehe ich mich recht versah, schon im Sattel saß und den Freunden nur noch Lebewohl zurufen konnte. Auch wenn unser Zusammenleben kein Zuckerschlecken gewesen war und wir so manche Streiterei ausgefochten hatten, waren mir diese rauhen und manchmal auch brutalen Burschen ans Herz gewachsen. Ich hatte Respekt vor ihnen und ihrem harten Job. Bei uns gilt „Kameltreiber" als Schimpfwort – was für eine Überheblichkeit und Ignoranz! Diese Männer müssen zäh sein wie Leder, kräftig wie Freistilringer, verläßlich wie Roboter, schmerzunempfindlich wie Fakire und geschickt wie ein Dutzend Handwerker. Wenn es in Deutschland Kamele gäbe, dann wäre Kameltreiber ein hochqualifizierter, gutbezahlter Facharbeiterberuf.

Dongola

Eilritt nach Dongola. Die Männer hatten dort viel zu erledigen und drückten aufs Tempo. Doch schon bald wurde unser Tatendrang durch ungewohnte Hindernisse gebremst. Stacheldrahtzäune, die Gott weiß was absperren sollten, zwangen zu zeitraubenden Umwegen, bis wir eine Stelle gefunden hatten, wo der Zaun niedergetrampelt war. Schwierige Manöver für die Kamele, die vorsichtig einen Fuß vor den anderen setzten, um sich nicht in den tückischen Drahtfallen zu verletzen.

Als wir in den Außenbezirken der Stadt angelangt waren, kam Humphrey III nicht mehr aus dem Staunen heraus. Noch nie zuvor in seinem Leben war er über Asphaltstraßen getrappelt. Ungläubig senkte er die Nase und beschnupperte das merkwürdige „Gelände".

Von fern kam ein Lastwagen mit scheppernder Ladefläche angedonnert. Wir lenkten die Tiere auf den sandigen Gehweg und drückten uns eng an die Hausmauern. Die Kamele gingen heftig gegen den Zügel, die Furcht vor dem lärmenden Ungetüm peinigte sie. Mit dem ganzen Körper legte ich mich ins Zeug, um eine wilde Flucht zu verhindern. Ich erwürgte Humphrey fast, so unbarmherzig hielt ich ihn mit dem Strick unter Kontrolle. Ich weiß nicht, wer mehr Angst hatte – Humphrey vor dem Auto oder ich vor Humphrey.

Als das Fahrzeug mit uns auf gleicher Höhe war und der idiotische Chauffeur auch noch feixend auf die Hupe drückte, war es um Humphrey III geschehen. Wie vom Schlag getroffen klappte er zusammen und blieb zitternd vor Angst sitzen.

Den Rest des Weges legte ich zu Fuß zurück, mein verschüchtertes Kamel am langen Arm hinter mir herzerrend.

Im Hause des Karawanenagenten wurden wir wie langersehnte Gäste willkommen geheißen. Der Agent selbst war nicht anwesend, er befand sich, wie sich das für einen geschäftstüchtigen Händler gehört, in seinem Laden im Suk, im Marktviertel. Meine Karawanenleute lehnten den dargebotenen Tee dankend ab und machten sich schleunigst auf den Weg zum Markt. Abdelmonim, der älteste Sohn meines Gastgebers, kümmerte sich derweil um den Nasrani. Ohne lange zu fragen wußte er genau, was ich mir am meisten wünschte – ein heißes Bad. Vermutlich hatte ihm seine Nase die richtige Eingebung zugetragen.

Im Suk, im Marktviertel von Dongola

Abdelmonim war ein junger Mann von 18 Jahren mit vollendeten Manieren. Liebenswürdig, unaufdringlich und stets hilfreich zur Stelle, wenn ich eine Bitte äußerte. Er stand kurz vor dem Schulabschluß und wollte anschließend in Khartum Biologie studieren. Er war erstaunlich vielseitig gebildet, und wir unterhielten uns ausführlich über – Martin Luther. Wahrlich ein ungewöhnliches Thema im Hause eines Moslems.

Die Sonne stand senkrecht über den Mauern der Altstadt, als wir uns ebenfalls zum Markt begaben. Die schwüle Hitze war beklemmend; der Windzug, der in den Straßen den Sand aufwirbelte, überrollte mich wie eine glühende Walze und nahm mir den Atem.

„Ein ungewöhnlich milder Winter dieses Jahr!" bemerkte Abdelmonim trocken.

Mohamed Yasid al-Lumeiri, der Karawanenagent, erinnerte mich stark an Beschir Abu Djeib. Nicht nur im Alter und in der Leibesfülle waren sie einander ähnlich, Lumeiri trat mir mit der gleichen vorurteilsfreien Unbefangenheit und herzlichen Jovialität entgegen, die es einem Gast so leicht machen, sich in fremder Umgebung heimisch zu fühlen.

In der halbdunklen, schattigen Kühle seines Ladens thronte er in einem Lehnstuhl und prüfte die Bücher und Dokumente der beiden Karawanenführer, die zu seinen Füßen auf einer Sitzmatte hockten. Er zahlte den Chabiren die Geldsummen aus, die sie für den Proviant benötigten, und beauftragte einen Gehilfen, das obligatorische Telegramm mit den Daten der Karawanen an die Kamelhändler in Kordofan abzusetzen.

Zwei Tage später, wir wähnten die Karawane längst auf dem Weg zur ägyptischen Grenze, tauchte Mohamed Ali noch mal auf. Sichtlich verlegen beichtete er dem Agenten, was vorgefallen war und den Weitermarsch so ungebührlich lange verzögert hatte.

„Vorgestern, als ich mit Beyin in der Stadt war, sind uns sieben

Kamele abgehauen. Wir haben einen ganzen Tag gebraucht, um sie wiederzufinden."

„Sieben Kamele?" Lumeiri wollte seinen Ohren nicht trauen.

Mohamed Ali schlug beschämt die Augen nieder. Das war ja wirklich ein zu peinliches Mißgeschick.

„Nun ja, das mußt du verstehen, o Mohamed Yasid, die Männer haben wieder einmal den Frauen nachgestellt und dabei die Kamele ein wenig aus den Augen verloren."

Kopfschüttelnd entließ Lumeiri den Chabir und machte sich seufzend auf den Weg zum Postamt, um ein zweites Telegramm mit dem nun (hoffentlich) richtigen Abmarschdatum nach El Obeid zu kabeln.

Dongola – das ist genau genommen gar nicht der Name der Stadt, sondern der gesamten Landschaft zwischen dem Nilknie und dem dritten Katarakt. Der Hauptort dieser Region heißt korrekt Dongola al-Ordi und wird kurz Dongola (von den Europäern) bzw. Al-Ordi (von den Sudanesen) genannt.

Al-Ordi bedeutet „das Lager", und die Stadt ist, gemessen an der Jahrtausende alten Geschichte des Nils, noch sehr jung. Eine Soldatenansiedlung der Mameluken, einer kriegerischen Elite, die 500 Jahre lang Ägypten beherrscht hatte. Erst zu Beginn des 19. Jahrhunderts verloren sie ihre Macht und wurden grausam verfolgt. Einer kleinen Schar gelang die Flucht nilaufwärts, und sie gründeten die Wehrsiedlung Al-Ordi.

Edmund Alfred Brehm („Brehms Tierleben") machte während seiner Sudan-Expedition 1847 in Dongola Station und beschreibt den Ort als „unbedeutend, mit schlechten Basaren und wenigen Verkaufsartikeln, einigen Kaffeehäusern und Branntweinkneipen".

Heute ist Dongola mit 20 000 Einwohnern (vor zwanzig Jahren waren es noch viertausend) die Hauptstadt der Nord-Provinz, mit neuen Schulen und Bungalowsiedlungen am Stadtrand, die einen

Die Häuser werden aus luftgetrockneten Lehmziegeln erbaut

krassen Gegensatz zu den Altstadtvierteln bilden, wo die Straßen noch unbefestigt und die Häuser aus luftgetrockneten Lehmziegeln erbaut sind.

Schmucker Mittelpunkt ist der Markt mit seinem bunten und geschäftigen Treiben, den lockenden Schreien der Ausrufer und dem Hämmern der Kupferschmiede, aber auch mit den lauschigen, von großkronigen Schattenbäumen überdachten Kaffeehäusern, wo man sich ausruht und den süßen Tee oder eine Wasserpfeife genießt.

Dongola ist eine Händlerstadt. Die ungünstige Verkehrslage machen die Dongolaner durch Fixigkeit und Flexibilität wett. Sie sind für ihre Schlitzohrigkeit bekannt und scheuen weder Tod noch Teufel, wenn sie sich einen Gewinn davon versprechen. Die arabischen Händler, die in den abgelegensten Wüstenkaffs und den undurchdringlichen Sümpfen des Südens anzutreffen sind, stammen fast immer aus Dongola.

Auch der Mahdi, der Nationalheld, war Dongolaner.

Die erste Nacht auf einem eisernen Bettgestell brachte mir den so lange vermißten und so sehnsüchtig herbeigewünschten ungestörten Schlaf. Wohlig streckte ich mich aus. Das war es, wovon ich all die Wochen geträumt hatte, wenn die verdammten Kamele mich wachhielten, wenn ich todmüde im Sattel hing und jeden meiner bleischweren Knochen schmerzhaft spürte. Diese herrliche Ruhe vor dem Einschlafen wollte ich auskosten. Doch kaum hatte ich mich hingelegt, war ich auch schon „weg" und schlief achtzehn Stunden lang wie ein Toter. Als ich die Augen wieder aufschlug, stand neben meinem Bett ein großes Glas dampfender Milch mit einem Schuß süßen Tee, das die Lebensgeister weckte.

Überhaupt, die Mahlzeiten! Unterwegs war ich mir der Armseligkeit des Karawanenessens gar nicht bewußt geworden. Da gab es halt nichts anderes, und ich war froh und dankbar für den Hirsebrei, der mir zwar die Gedärme verstopfte, aber eben auch den Magen füllte.

In Dongola war es mit dieser Eintönigkeit vorbei. Der ganze Reichtum des üppigen Niltals wurde aufgetischt: Fladenbrote, Rühreier, süßer Reis, Bohnen in Chilisauce, scharfer Schafskäse, frische Datteln, Orangen, Tomatensalate, *Kufta* – das sind Hammelfleischwürste – und *Misch*. Das letztere ist eine Spezialität der Fellachen, die ich vor Jahren bereits in den Oasen der ägyptischen Wüste kennen und fürchten gelernt habe. Misch besteht aus Käse und rohem Fisch, der ein Jahr lang in Salzlake eingelegt worden ist. Gestank und Geschmack dieser von Maden wimmelnden Tunke lassen sich überhaupt nicht beschreiben. Wenn ich es mit dem ätzend scharfen Aroma von frisch Erbrochenem vergleiche, so ist das noch sehr wohlwollend untertrieben. Bei den Ägyptern und Sudanesen gilt Misch allerdings als Delikatesse und wurde mir obendrein als unfehlbares Heilmittel gegen Diabetes gepriesen.

Zur Ehre meiner dongolanischen Gastgeber sei angemerkt, daß das hiesige Misch sehr mild schmeckte, fast wie Joghurt, und nichts Ekelerregendes mehr an sich hatte.

Über die Fortsetzung meiner Reise war ich mir noch im Unklaren. Den Karawanenweg über die ägyptische Grenze hatten mir, wie anfangs bereits erwähnt, die Behörden untersagt. Eine ganze Weile spielte ich mit dem Gedanken, das Verbot zu ignorieren, ließ den Plan dann aber wieder fallen. Die ägyptischen Sicherheitsstellen waren zu der Zeit außerordentlich sensibilisiert. Kurz zuvor hatten Attentäter den Staatspräsidenten Sadat ermordet, und Erzfeind Libyen versuchte, die instabile Lage durch bewaffnete Übergriffe im sudanesischen Grenzgebiet auszunutzen. In Dongola liefen Gerüchte um, daß die Ägypter den Karawanenverkehr mit dem Sudan einstellen wollten, um diesen Sickerpfad für libysche Agenten abzuschotten. Für meine Person befürchtete ich zwar nicht mehr als allenfalls eine befristete Festnahme, aber meine Karawanenleute hätten da schon Schlimmeres zu fürchten gehabt, wenn sie einen Fremden verbotenerweise ins Land schmuggeln würden. Vielleicht würde die Polizei Mohamed Ali ins Gefängnis werfen und die Kamele konfiszieren oder dem braven Beschir Abu Djeib sogar die Exportlizenz entziehen. Ich würde es mir nie verzeihen, wenn ich seine Gastlichkeit mit dem geschäftlichen Ruin vergolten hätte!

Mir spukte eine ganz andere, eine neue Idee im Kopf herum. Ich wollte von Dongola aus die Bayuda-Wüste durchqueren. Das war nichts Spektakuläres, aber die Route reizte mich. Ich trug meine Absicht Lumeiri vor.

„Gibt es noch Kameltransporte von Dongola nach Omdurman? Dattelkarawanen oder ähnliches?"

Die Antwort war ernüchternd.

„Nein, alles wird mit Pickup-Trucks befördert. Du wirst nicht ein einziges geländegängiges Kamel hier finden, das den Marsch durch die Bayuda-Wüste überstehen würde!"

Die Enttäuschung stand mir wohl im Gesicht geschrieben, denn Lumeiri legte tröstend seine Hand auf meinen Arm.

„Ich weiß aber, daß von Ed Debba Eselskarawanen abgehen. Vielleicht möchtest du dich diesen Leuten anschließen?"

Ich mochte nicht. Wenn man wochenlang hoch und stolz auf einem Kamel geritten ist, dann kommt einem so ein kleiner, unscheinbarer Esel geradezu armselig vor. Nein, auf einem Esel durch die Wüste zuckeln, das war nicht nach meinem Geschmack. Dann wollte ich schon lieber ganz woanders mein Glück versuchen. Kamelnomaden gab es überall im Norden des Sudan.

Abschied von Dongola. Während meine alte Karawane in Richtung Ägypten marschierte, saß ich im Flugzeug nach Khartum. Port Sudan hieß mein neues Ziel. Die berüchtigte Nubische Wüste mit Kamelen zu durchqueren, versprach ein aufregendes Abenteuer zu werden.

Aber das ist schon wieder eine ganz andere Geschichte . . .

Reisetips:
Der Sudan im Überblick

Mit 2,5 Millionen qkm ist der Sudan der größte Staat Afrikas (zehnmal so groß wie die Bundesrepublik Deutschland), hat aber nur ca. 20 Millionen Einwohner.

Landschaftlich, ethnisch und religiös ist das Land in einen Nord- und einen Südteil getrennt, die Grenzlinie entspricht in etwa dem 12. Breitengrad. Im Norden herrschen Wüsten und Trockensavannen vor, und die Bevölkerung besteht aus arabischen Moslems (zwei Drittel der Gesamtbevölkerung). Im Süden wird die Landschaft von Feuchtsavannen und tropischem Sumpfland bestimmt, wo schwarzafrikanische Stämme leben, die in traditionellen Natur-Religionen und Kulturen verwurzelt sind.

Hauptstadt ist Khartum am Zusammenfluß von Blauem und Weißem Nil, das mit dem benachbarten Omdurman und der Industrievorstadt Khartum-Nord zu einer Metropole mit über einer Million Einwohner zusammengewachsen ist. Weitere große Städte sind: Port Sudan am Roten Meer (240 000 Ew.); Kassala, nahe der äthiopischen Grenze (120 000 Ew.); Wad Medani am Blauen Nil (140 000 Ew.); Kosti am Weißen Nil (80 000 Ew.); Atbara, zwischen dem 5. und 6. Katarakt (90 000 Ew.); El Obeid, das Zentrum Kordofans (90 000 Ew.); Juba, die Hauptstadt der Süd-Provinzen (100 000 Ew.).

Die alte Geschichte des Sudan, die Zeit der Pharaonen und der späteren byzantinischen Christianisierung, ist ausschließlich die Geschichte des Niltals. Die Gebiete abseits des großen Stromes blieben weitgehend unbekannt und unerschlossen. Die Chronisten des Altertums wußten kaum mehr zu berichten als verworrene Schauermärchen über kriegerische Völkerschaften, von denen man sich tunlichst fernhalten solle.

Das Vordringen des Islam in Afrika entriß diese Regionen dem Dunkel der Vergessenheit. Im ausgehenden Mittelalter begann die großräumige Einwanderung arabischer Nomadenstämme. In den Wüstenrandzonen und Trockensteppen des Nordens fanden sie ideale Weidegründe für ihre Viehherden, und erst das Sumpfland des oberen Weißen Nil und des Bahr el-Gazal stoppte das arabische Vordringen. Zumindest was die Besiedlung betraf. Dem Zugriff der Araber konnten sich die Negerstämme jedoch nicht entziehen – der Süden des Sudan wurde zum unerschöpflichen Reservoir für die Sklavenjäger aus dem Norden.

In der ersten Hälfte des 19. Jahrhunderts eroberten die Ägypter den Sudan und beuteten das Land rücksichtslos aus. Verbitterung und Wut über die verhaßte Fremdherrschaft waren so stark, daß es nur eines überzeugenden Führers bedurfte, um die zersplitterten arabischen Stämme in einem großangelegten Aufstand zu vereinigen.

Dieser Mann war der „Mahdi". Mit messianischem Eifer sammelte er zunächst die Stämme des Weißen Nils um sich und stieß nach Kordofan vor, wo es ihm und seinen Kriegern 1882 gelang, El Obeid in halbjähriger Belagerung auszuhungern und einzunehmen. Der Erfolg mehrte seine Anhänger, Stamm für Stamm schloß sich dem Aufruf zum Heiligen Krieg an.

Die Regierungen in Kairo und London – die Engländer hatten zahlreiche Militär- und Verwaltungsexperten nach Ägypten abgestellt – waren über die Schreckensmeldungen aus dem fernen Sudan zutiefst beunruhigt und entsandten ein Expeditionskorps unter der Führung des General Hicks, um dem Mahdi-Spuk ein Ende zu bereiten. Die Militäraktion endete in einem totalen Desaster. Fünfzig Kilometer vor El Obeid wurde die Hicks-Armee von den Truppen des Mahdi aufgerieben und abgeschlachtet. Von den zehntausend ägyptischen und englischen Soldaten überlebten keine dreihundert.

Der Vormarsch des Mahdi war nun nicht mehr aufzuhalten. Er verlegte sein Hauptquartier nach Omdurman, das er zur Hauptstadt der *Mahdiya*, des islamischen Gottesstaates, proklamierte. In Sichtweite, nur durch den Nil getrennt, lagen sich der Mahdi und Gordon Pascha, der Verteidiger von Khartum, gegenüber.

Im Januar 1885 stürmten die Mahdi-Krieger die von allen Nachschubwegen abgeschnittene, halbverhungerte Stadt. Gordon Pascha wurde auf der Treppe des Gouverneurspalasts von Speeren durchbohrt, sein Haupt auf eine Lanze gespießt und im Triumphzug durch die Stadt getragen. Die Fremdherrschaft über den Sudan war (vorerst) beendet.

Doch schon wenige Monate nach Gordons Tod starb auch der Mahdi. Seinem Nachfolger, dem *Khalifa*, fehlte die Genialität und die Ausstrahlung seines Vorgängers. Der Niedergang der Mahdiya begann. Mißglückte Feldzüge in Äthiopien, rebellische Stammeschefs und unzufriedene Truppenführer zerrütteten das Staatsgefüge. Die Truppen des Khalifa mußten immer häufiger interne Aufstände niederschlagen.

Unterdessen bereitete England die Rückeroberung des Sudan vor. Die Niederlagen von Hicks und Gordon steckten den Engländern in den Knochen, diese Schmach wollte die Weltmacht nicht auf sich sitzen lassen. Darüberhinaus galt es, den kolonialen Ansprüchen der Franzosen und Deutschen in Zentral- und Ostafrika vorzubeugen.

1896 machte sich eine englische Armee unter dem Befehl von General Kitchener auf den Marsch. Kitchener hatte aus den Fehlern seiner Vorgänger gelernt. Das größte Problem waren die langen und unsicheren Nachschubwege auf dem Nil, aber Kitchener löste es durch eine technische Glanzleistung. In der unglaublich kurzen Zeit von sechs Monaten trieb er eine 400 Kilometer lange Eisenbahnstrecke quer durch die wasserlose Nubische Wüste, über die nun der Nachschub rollte.

Im September 1898 kam es bei Omdurman zur Entscheidungsschlacht. Den fünfzigtausend mit Speeren, Lanzen und Vorderladern bewaffneten Sudanesen standen zehntausend modern ausgerüstete englische Soldaten gegenüber, unterstützt von Kanonenbooten, die auf dem Nil kreuzten. Die Sudanesen besaßen keine Chance, der Kampf geriet zum Massaker. Zehntausend Stammeskrieger fielen, während sich die englischen Verluste auf vierhundert Tote bezifferten.

Der Sudan wurde britische Kolonie.

1956 entließ England das Land in die Unabhängigkeit. Von Anbeginn litt der junge Staat unter den Gegensätzen zwischen dem arabischen Norden und dem nichtarabischen Süden, der sich vergeblich gegen eine Einverleibung in das sudanesische Staatsgebilde gewehrt hatte und lieber mit Kenia oder Uganda vereinigt worden wäre. Die Neger des Südens hatten die Sklavenjagden ihrer nördlichen Landsleute nicht vergessen, und die Araber taten nichts, um diese Vorbehalte abzubauen. Die Entwicklung des Landes konzentrierte sich auf das arabische Kernland, der Süden wurde grob vernachlässigt. Die Folge war ein jahrelanger Buschkrieg, der erst 1972 formell beendet wurde. Doch das Mißtrauen der schwarzen Bevölkerung schwelt weiter, und es steht wohl zu befürchten, daß die blutigen Auseinandersetzungen eines Tages wieder aufflammen werden.

Allgemeine Tips

Bundesdeutsche benötigen für den Sudan ein Visum. Gültigkeitsdauer drei Monate, Aufenthaltsdauer einen Monat. Das Visum kann beim Immigration Office in Khartum um jeweils drei Monate verlängert werden.

Für Kamelreisende kommt nur der arabische Norden in Betracht, und die nachfolgenden Informationen beziehen sich auf die Gebiete nördlich des 12. Breitengrads.

Transport

Die bequemste und schnellste Anreise ist natürlich die per Flugzeug (viermal wöchentlich Frankfurt-Khartum direkt). Wer aber genügend Zeit mitbringt, und das muß ein Kamelreisender allemal, der sollte sich nicht scheuen, von Kairo aus die Mühen der zweitausend Kilometer langen Overland-Route auf sich zu nehmen. Sie bietet den Vorteil einer allmählichen Akklimatisierung und stimmt den Reisenden auf die miserablen Transportverhältnisse im Sudan ein. Das Verkehrswesen ist unterentwickelt und fordert ein hohes Maß an Geduld und Strapazierfähigkeit.

Eisenbahnverbindungen bestehen zwischen Khartum und Wadi Halfa, Port Sudan, El Obeid, Nyala. Die Fahrpreise sind niedrig und der Komfort gleich Null. Abfahrts- und Ankunftszeiten hängen von allem möglichen ab, nur nicht vom Fahrplan. Eine Fahrt nach Nyala z. B. dauert im Idealfall vier Tage, es können aber auch anderthalb Wochen werden.

Eine einzige asphaltierte Überlandstraße gibt es, und zwar von Khartum über Wad Medani und Kassala nach Port Sudan. Ansonsten läuft der Verkehr über Naturpisten. Soweit es die Beschaffenheit der Straßen zuläßt, verkehren Autobusse und Pickup-Trucks; auf allen anderen Pisten ist man auf die Ladeflächen der Lastwagen angewiesen. Der Lkw-Transport ist eine Tortur wie aus der

Folterkammer und nur den ruppigsten Naturen zu empfehlen. Der Nil fällt wegen seiner vielen Katarakte als Transportweg weitgehend aus. Lediglich zwischen Karima und Dongola besteht eine regelmäßige Schiffsverbindung.

Alle größeren Städte sind mit dem Flugzeug zu erreichen. Das Fliegen kostet wenig, aber die Maschinen sind in der Regel Wochen im voraus ausgebucht.

Unterkünfte

Hotels im üblichen Sinne gibt es nur in Khartum und Port Sudan. In allen anderen Städten ist der Reisende auf die einfachen Herbergen angewiesen, die nur Schlafsäle mit Bettgestellen anbieten. Solche Gemeinschaftsunterkünfte sind sicher nicht jedermanns Geschmack, aber ich habe sie ausnahmslos als sauber und gut verwaltet kennengelernt. In den Dörfern kann man entweder in schlichten Rasthäusern auf dem Fußboden übernachten oder man ist auf die Gastfreundschaft der Einwohner angewiesen.

Mit den Restaurants verhält es sich ähnlich. Abgesehen von Khartum und Port Sudan muß sich der Reisende mit den Speiselokalen der Einheimischen begnügen. Gegessen wird natürlich mit den Fingern und wenn man nicht verhungern will, gewöhnt man sich auch an den Schmutz und die Kakerlaken auf den Tischen.

Reisezeit

Der beste Termin ist der Winter mit seinem warmen und trockenen Klima. Die Höchsttemperaturen in den Monaten November bis März schwanken zwischen 30 und 40 Grad, die nächtlichen Tiefstwerte zwischen dem Gefrierpunkt und 10 Grad Celsius, wobei die Temperaturdifferenzen von Tag und Nacht in den Savannen nicht so kraß ausfallen wie in den Wüsten.

Oberste Grundregel ist das bedingungslose Einfügen in das Milieu. Nur der Auftrag der Karawane zählt, dem haben sich alle unterzuordnen. Das Wort des Chabir ist Gesetz und wer dem zuwiderhandelt oder die Karawane behindert, muß gewärtig sein, bei der erstbesten Gelegenheit ausgesetzt zu werden. Das gilt nicht nur für Querulanten, sondern auch für Kranke und Verletzte. Sie dürfen auf keinerlei Rücksichtnahme rechnen.

Eine Karawanenreise ist eine Reise in die Vergangenheit. Man ist Teil einer lebendigen Welt, wie sie vor zweitausend Jahren nicht anders ausgesehen hat. Der Reisende wird mit einer naturverbundenen, primitiven Lebensweise konfrontiert, die ihm nicht nur vollkommen fremd, in der er auch ebenso hilflos ist. Seine Ausbildung und sein technisches Wissen nützen ihm gar nichts, selbst der geringste Kameltreiber ist ihm haushoch überlegen. Mit Karawanen zu reisen, ist daher nichts für clevere Tausendsassas, die sich selbst bestätigt sehen wollen. Genügsamkeit, Anpassungsfähigkeit und das Akzeptieren der eigenen Unzulänglichkeit sind die geforderten charakterlichen Voraussetzungen. Die körperlichen Strapazen bilden nur den Rahmen. Anders ausgedrückt: keine flotten Abenteurer-Typen sind gefragt, sondern robuste Landstreicher-Naturen.

Karawanen-Routen

Die Karawanensaison ist der Winter. Nur in den Monaten September bis März sind sie unterwegs. Während der übrigen Jahreszeit befinden sich die Kamele auf der Weide, um sich das Fettpolster für die anstrengende Winterarbeit anzufressen.

Im Sudan existieren noch heute zahlreiche regelmäßig begangene Karawanenrouten:

Die Salzkarawanen nach El Atrun, die von allen möglichen Orten im gesamten Nordwesten des Landes abgehen.

Die Schlachtvieh-Kamelherden, die von Kordofan nach Ägypten getrieben werden, sind ausführlich im Text beschrieben. Im Osten des Sudan, im Bergland der Bedja-Nomaden zwischen Nil und Rotem Meer, starten ebenfalls Kamelherden nach Ägypten.

Alle diese Karawanen laufen in Süd-Nord-Richtung, aber im Westen gibt es eine Karawanenstraße, die von West nach Ost verläuft: die Rinderkarawanen von Darfur nach Omdurman, bei denen auch keine Kamele, sondern Esel als Reittiere benutzt werden.

Bei obigen Routen handelt es sich um Karawanen, deren Streckenlängen zwischen 800 und 1600 Kilometern betragen oder in Marschzeiten ausgedrückt: vier bis acht Wochen.

Darüberhinaus bieten sich zahlreiche kürzere Strecken an, die zwar nicht von regulären Karawanen begangen werden, auf denen der Reisende aber Führer und Kamele anmieten kann. Beispielsweise von Port Sudan durch die Nubische Wüste, von Omdurman durch die Bayuda-Wüste oder von El Fascher in die malerischen Marra-Berge. Überall dort, wo Kamelnomaden leben, bieten sich im Grunde auch Gelegenheiten für eine Kamelreise.

Nicht geeignet als Ausgangspunkte für Unternehmungen dieser Art sind das Niltal und die Wüstenoasen, da es dort nur selten Kamele gibt, die für längere Reisen tauglich und kaum Einheimische, die als Führer qualifiziert wären.

Wichtig:

Der Kamelreisende muß viel Zeit mitbringen. Die Anreise ins „Operationsgebiet", das Anknüpfen von Verbindungen, das Aufspüren von Führern oder Karawanen und die Verhandlungen mit den Leuten – das alles erfordert Unmengen von Zeit, bevor die eigentliche Reise überhaupt losgeht.

Kosten

Kamelreisen sind ein teures Vergnügen. Die Karawanenführer sind wenig geneigt, Passagiere mitzunehmen, da sie befürchten, daß diese den Strapazen nicht gewachsen sind und der Karawane zur Last fallen. Entsprechend hoch fallen die finanziellen Forderungen aus, von denen sie kaum herunterzuhandeln sind. Die Nachteile, die ihnen aus einem Passagier erwachsen können („wenn der Mann unterwegs krepiert, macht die Polizei mich verantwortlich") lassen sie sich nur durch einen enorm hohen Gewinn bezahlen. Keiner der oben angeführten Routenvorschläge dürfte mit weniger als umgerechnet dreitausend Mark zu realisieren sein.

Noch kostenaufwendiger ist das Anmieten von Führern und Kamelen. Beispiel: Als ich in Port Sudan wegen der Durchquerung der Nubischen Wüste verhandelte (runde 400 Kilometer), war keiner der angesprochenen Führer bereit, dies unter siebeneinhalbtausend Mark zu machen!

Ausrüstung

Die Ausrüstung sollte sich auf das Notwendigste beschränken. Je umfangreicher das Gepäck, um so weniger ist ein Kamelnomade bereit, einen Passagier zu akzeptieren. All die Extras, die dem Wüstenreisenden in den beliebten Handbüchern empfohlen werden, darf er getrost vergessen. Sie sind schlicht überflüssig. Die folgende Aufstellung genügt den Erfordernissen vollkommen: Schlafsack, Turnschuhe, Sandalen, ein paar Socken und Unterhosen, zwei weite Hosen, mehrere Hemden, einen Pullover und Windjacke; Marschkompaß, Schweizer Offiziersmesser, Karte (Michelin-Straßenkarte Nordostafrika reicht aus), Nähzeug, Papiertaschentücher, ein paar Toilettenartikel, Medikamente und gegebenenfalls das Kamerazubehör.

Die Ausrüstung muß extrem strapazierfähig verpackt sein, denn ein Kamelritt ist eine Zerreißprobe für das Material. Rucksäcke mit Packrahmen sind untauglich, der Rahmen würde bis zur Unbrauchbarkeit verbogen. Stabile Metallkisten werden zwar von motorisierten Globetrottern gerühmt, aber der Reisende, der auf öffentliche Verkehrsmittel angewiesen ist, wird an dem sperrigen Ding wenig Freude haben. Der Kamelführer ebenfalls nicht, der bei den scharfen Kanten solcher Kisten um sein Kamel bangt. Ich selbst benutze seit vielen Jahren einen Seesack, der alle Kamelritte (bislang über viertausend Kilometer) unversehrt überstanden hat.

Gesundheit

Auch wenn zur Zeit für den nördlichen Sudan keine Impfung zwingend vorgeschrieben ist, empfiehlt es sich, alle gängigen Impfungen vorzunehmen: Pocken, Cholera, Gelbfieber, Typhus, Hepatitis, Tetanus, Polio und Malaria-Prophylaxe. Die Reiseapotheke kann sich dagegen auf das Nötigste beschränken. Wer gegen jedes Wehwehchen ein Mittelchen dabeihaben will, der sollte lieber zu Hause bleiben. Wer den Orient beritten durchstreift, der muß ohnehin eine gewisse Schmerztoleranz mitbringen. Für meine Reisen packe ich nur Kopfschmerztabletten, Malariapillen, Salztabletten, Wundsalbe und Heftpflaster ein.

Die wichtigste Gesundheitsvorsorge kann man sowieso nicht kaufen, die ist angeboren – die Fähigkeit nämlich, auch das schmutzigste Wasser unbeschadet trinken zu können. Denn wer mit Kamelen reist, muß auf Entkeimungstabletten oder Wasserfilter verzichten! Die Karawanenleute würden ihm was erzählen, wenn er die gemeinsame Wasserration mit Tabletten präparieren wollte!

Gute Englischkenntnisse sind Vorbedingung, um sich durchs Land zu schlagen und (per Dolmetscher) die Verträge mit den Kamelführern auszuhandeln. Zumindest Grundkenntnisse der arabischen Sprache sollten vorhanden sein.

Reiten braucht man dagegen nicht zu können. Kamele sind in der Regel nachsichtige Reittiere, die sich gutmütig in das Unvermögen eines unbedarften Reiters fügen.

In den meisten Karawanen wird nicht nur geritten, sondern auch viel zu Fuß gelaufen, um die Tiere nicht über Gebühr zu beanspruchen. Das setzt eine passable Kondition voraus und das entsprechende Training, um ausdauernd und schnell über große Distanzen zu marschieren.

Mit Kamelen zu reisen bedeutet, daß man den Orient nicht nur flüchtig sieht, sondern Land und Leute wirklich und wahrhaftig erlebt. Um das Eintauchen in eine so fremde Kultur intensiv empfinden zu können, empfehle ich jedem potentiellen Kamelreiter seine Expedition *allein* zu unternehmen. Schon zu zweit ergibt es sich ganz zwangsläufig, daß man zusammenhockt und sich von den eingeborenen Begleitern absondert. Ein einzelner Reisender wird in die Karawane integriert – mehrere Reisende werden immer ein Fremdkörper bleiben, ein europäischer Mikrokosmos innerhalb der Karawane.

Noch eine Warnung:
Kein Kamelreisender darf bei den Behörden auf Verständnis für seine Ambitionen rechnen. Touristen, die sich nur so zum Spaß einer anstrengenden und gefahrvollen Karawanenreise unterwerfen, gelten von vornherein als suspekt und sind der Willkür höherer und niederer Dienststellen hilflos ausgeliefert. Je tiefer die Provinz, desto unberechenbarer die Schikanen der lokalen Polizeibehörden.

(Stand: Frühjahr 1986)

Literatur

Brehm, Edmund Alfred; „Reisen im Sudan" Erdmann Verlag, Tübingen/Basel 1975

Moorehead, Alan; „The White Nile" Penguin Books, Harmondsworth 1978

Streck, Bernhard; „Sudan" DuMont Reiseführer, Köln 1982

ALLE TITEL DER REIHE
REISEN · MENSCHEN · ABENTEUER